CROWN

MONSTRUOS DE LA VIDA REAL

SERGIO SEPÚLVEDA

MONSTRUOS DE LA VIDA REAL

LOS 15 ASESINOS SERIALES MÁS DIFÍCILES DE CREER

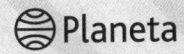

Planeta

Cuidado editorial: Ordinal S.A. de C.V.
Diseño de portada: Genoveva Saavedra
Imágenes de portada: Shutterstock / basel101658 (pájaro), Far700 (martillo), KHIUS (cuervo)
Ilustraciones de personajes: Emilio Romano
Fotografía del autor: © MANN
Diseño de interiores: Ordinal S.A. de C.V.

© 2019, Sergio Sepúlveda

Derechos reservados

© 2019, Editorial Planeta Mexicana, S.A. de C.V.
Bajo el sello editorial PLANETA M.R.
Avenida Presidente Masarik núm. 111, Piso 2
Colonia Polanco V Sección
Delegación Miguel Hidalgo
C.P. 11560, Ciudad de México
www.planetadelibros.com.mx

Primera edición en formato epub: abril de 2019
ISBN: 978-607-07-5732-7

Primera edición impresa en México: abril de 2019
ISBN: 978-607-07-5733-4

No se permite la reproducción total o parcial de este libro ni su incorporación a un sistema informático, ni su transmisión en cualquier forma o por cualquier medio, sea éste electrónico, mecánico, por fotocopia, por grabación u otros métodos, sin el permiso previo y por escrito de los titulares del *copyright*.

La infracción de los derechos mencionados puede ser constitutiva de delito contra la propiedad intelectual (Arts. 229 y siguientes de la Ley Federal de Derechos de Autor y Arts. 424 y siguientes del Código Penal).

Si necesita fotocopiar o escanear algún fragmento de esta obra diríjase al CeMPro (Centro Mexicano de Protección y Fomento de los Derechos de Autor, http://www.cempro.org.mx).

Impreso en los talleres de Foli de México, S.A. de C.V.
Negra Modelo No. 4 Bodega A, Col. Cervecería Modelo,
C.P. 53330 Naucalpan de Juárez, Estado de México.
Impreso y hecho en México - *Printed and made in Mexico*

Este libro está dedicado a ti,
que siempre me has brindado tu apoyo
en la televisión, en la radio y en las revistas
donde he trabajado. He sido beneficiado
con tu cobijo al atender las historias
que me gusta presentar. Gracias.

Más que un fan, eres familia.
Sin ti, nada; contigo, todo.

Albert Fish	**8**
Albert Henry DeSalvo	**18**
David Berkowitz	**36**
Dennis Nilsen	**50**
Donato Bilancia	**60**
Ed Gein	**72**
Edmund Kemper	**86**
El asesino del torso	**100**
Asesino del Zodiaco	**112**
Dennis Rader	**130**
Jack el destripador	**148**
Goyo Cárdenas	**164**
Ted Bundy	**178**
Robert Pickton	**204**
Richard Ramírez	**214**

ALBERT FISH

Jueves 16 de enero de 1936. Poco antes de las 23 horas, siete guardias y el capellán de la prisión Sing Sing, en el estado de Nueva York, Estados Unidos, escoltaron a un hombre que ya no cumpliría los 66 años, porque esa noche moriría en la silla eléctrica, en el artefacto mortal apodado *Old Sparky*. El anciano era Albert Fish, quien pasó su último día en una celda llamada el Salón de baile, que conectaba, a través de un pasillo al que le decían la *Última milla*, con la cámara de ejecución.

Albert Fish caminó sin vacilar hacia su final. En el cuarto de la muerte lo esperaban el director de la prisión, el alcalde, dos médicos, un electricista y doce testigos seleccionados por el Estado. Como a cualquier condenado a ser ejecutado, a Fish se le concedió expresar algunas palabras, minutos antes de que el interruptor fuera accionado. Albert aprovechó ese momento y dijo: «Aún no sé por qué estoy aquí».

Había razones suficientes para que el famoso *Hombre lobo de Wysteria* tomara asiento para recibir, al menos, un par de descargas de dos mil voltios cada una.

Así, abramos el expediente de este asesino serial.

Hombre lobo de Wysteria

El despertar de la bestia

Albert Fish nació el jueves 19 de mayo de 1870 y sus padres lo nombraron Howard Hamilton Fish.

Cuando tenía sólo 5 años, su padre murió de un infarto, dejando a su joven esposa completamente sola. La mujer no tuvo otra opción que abandonar en un orfanato al pequeño Howard, quien años más tarde tomaría, de uno de sus hermanos, que murió, el nombre de Albert.

En el hospicio, Albert Fish sufrió burlas, castigos, golpes y distintas vejaciones que lastimaron hondo su personalidad. Poco más de cuatro años estuvo internado, hasta que su madre volvió por él. Regresó por su niño, pero no logró rescatarlo.

Con 9 años, Fish salió del orfanato ya sin la inocencia con la que había ingresado. En la institución, las personas que guiaban y cuidaban a niños como él, en realidad los torturaban y a él le sembraron varias parafilias que, con la edad, alcanzaron niveles aberrantes.

Su vida sexual empezó cuando tenía sólo 12 años, al convertirse en amante de un chico varios años mayor que él, y cuando Fish cumplió los 20, ya se dedicaba a la prostitución. Lo peor, no es que usara su cuerpo como moneda de cambio, sino que comenzó una práctica perversa: violar a menores de edad.

GUIÑOS HACIA EL MONSTRUO

Albert Fish contó que un castigo frecuente en el orfanato eran los golpes en el cuerpo completamente desnudo, azotes que marcaban su piel y que hacían llorar a otros niños confinados al mismo tiempo; a todos menos a él. El pequeño futuro asesino disfrutaba del dolor y de escuchar los gritos de sus compañeros: un preludio a su obra sangrienta.

Modus operandi

Se alejó de la prostitución para dedicarse al oficio de pintor. Entonces, Albert Fish aprovechó su trabajo para abusar de niños, a los que violaba en el sótano de la casa donde lo contrataban. Cuidaba dos cosas: sometía a infantes de familias de poco dinero que difícilmente lo denunciarían, y cambiaba de manera constante de localidad. Así viajó por muchas ciudades de Estados Unidos, violó a más de cien pequeños, aunque él sólo reconoció tres brutales actos contra niños.

Sergio Sepúlveda

El camino del victimario

El desequilibrio mental de Albert Fish no se disparó sólo por el trato que recibió en sus años en el orfanato; en su expediente se apuntó que varios de sus familiares presentaron trastornos mentales, de hecho, su hermano fue internado en un hospital psiquiátrico.

Su madre empezó a enterarse de las andanzas de Albert y no lo dejó solo, al contrario, ideó una forma para regresarlo a las buenas costumbres; le arregló un matrimonio con Anna Mary Hoffman, de 19 años, ocho menor que Fish.

Como si la posibilidad de formar una familia fuera una terapia mágica, Albert se casó y procreó seis hijos. Hay versiones que aseguran que, por unos años, Fish se comportó como un hombre normal, mentalmente sano en apariencia; lo cierto es que únicamente fue más discreto, y tener un hogar lleno de chiquillos servía de tapadera para las violaciones que seguía cometiendo y para los actos sadomasoquistas que practicaba con amantes ocasionales, algunos en ciudades alejadas de su hogar.

En una ocasión, Albert inició una relación sadomasoquista con un joven de 19 años, de nombre Thomas Kedden. Se veían en el domicilio temporal que Fish tenía mientras trabajaba en la ciudad de Wilmington, Delaware. Su escarceo amoroso subió de tono y de violencia. Un día, Albert llevó a Thomas hasta una granja, donde le cortó la mitad del pene; tenía la intención de matarlo, rebanarlo y llevárselo, pero se arrepintió y le curó superficialmente la herida, le dio algo de dinero y tomó el tren para regresar con su familia. Durante el viaje, Fish reproducía en su memoria el rostro de dolor de Thomas, los ojos desorbitados de un hombre que presentaba un tipo de retraso mental. Con esas imágenes, Albert se autocomplacía mientras jugaba a la casita.

El matrimonio no fue fugaz, se mantuvo desde 1898 hasta 1917, año en el que su esposa lo abandonó. Anna se fugó con otro hombre, dejando solo a Fish con sus seis hijos, o mejor dicho, dejó a sus seis hijos solos con su abominable padre.

EL PLACER DEL DOLOR

No hay registro de que Albert Fish haya penetrado a sus críos, pero sí los hizo participar en actos sádicos. Este asesino, también apodado el *Vampiro de Brooklyn*, tenía un palo con clavos que usaba para lastimarse, pues encontraba en el dolor una gratificación sexual, un orgasmo por cada serie de golpes, un clímax en cada mutilación y, en ocasiones, ordenaba a sus hijos que lo golpearan en las nalgas con un remo lleno de clavos.

El hombre lobo vampiro

El abandono de Anna no causó algún efecto sobresaliente en la conducta de Fish, después de todo, él fue abandonado desde muy pequeño y había saboreado esa soledad toda la vida. Albert siempre buscó consuelo a su dolor en el dolor mismo. Una de sus prácticas favoritas era enterrarse agujas en el cuerpo, con ellas se perforaba las ingles y el abdomen. De hecho, en su ficha policial hay una radiografía que muestra cómo Albert Fish tenía 29 agujas insertadas en su zona pélvica, púas internas que alentaban al monstruo.

Su mente retorcida lo condujo a una cacería de niños, con preferencia por discapacitados mentales y afroamericanos, porque suponía que nadie reclamaría lo suficiente para ser investigado y llevado a la cárcel; además, ya no sólo buscaba violarlos, pues, en su psicosis, estaba seguro de que Dios le ordenaba torturarlos hasta la muerte y después mutilarlos.

El 11 de julio de 1924, Albert Fish estaba a punto de asaltar a Beatrice Kiel, de 8 años, quien jugaba sola. El asesino quería llamar su atención ofreciéndole dinero, pero la madre de la niña llegó a tiempo a su casa para alejar a Fish. Mucha suerte tuvo Beatrice, fortuna con la que no contaron Francis McDonell, Billy Gaffney y Grace Budd.

El 15 de julio de 1924, pocos días después de su intento de asalto a la niña Beatrice, Albert Fish asesinó a Francis McDonell, de 9 años. El recuento de los hechos arrojó que el agresor apartó al niño de los amigos con quienes jugaba, lo internó en una zona boscosa y ahí lo violó, asfixió, lastimó sus piernas, rasgó su zona abdominal y le arrancó la carne de la parte posterior de la rodilla izquierda. Estaba a punto de cortarle los genitales cuando escuchó que alguien se acercaba. Entonces Fish dejó el cadáver colgando de un árbol. Un hombre lobo estaba suelto, un hombre lobo estaba comiendo niños.

Casi tres años después, el 11 de febrero de 1927, secuestró al pequeño de 4 años, Billy Gaffney, en Brooklyn, Nueva York. Lo llevó a la fuerza hasta una casa abandonada donde lo desnudó, ató de manos y pies y amordazó. Fish se fue a su casa dejando al pequeño sin posibilidad de escape. Al día siguiente, alrededor de las 14 horas, regresó para acabar con Billy. Primero lo azotó hasta que la piel de las nalgas reventó, después le cortó las orejas, la nariz, le sacó los ojos y le abrió la boca de oreja a oreja. Billy murió desangrado. Después, el *Vampiro de Brooklyn* lo desmembró y arrojó algunas partes del cuerpo a un río de aguas negras. El resto lo llevó a su casa para guisarlo y tragarlo. El cocinero del infierno estaba en la Tierra, y su apetito era insaciable. Sus utensilios eran un cuchillo, un instrumento de carnicero y un serrucho con más filo que nunca.

Pasaron 15 meses. El 25 de mayo de 1928, Albert Fish encontró un anuncio clasificado en el que un hombre buscaba trabajo. Fish anotó la dirección de Edward Budd, el joven que se postulaba, y acudió con la intención de matarlo. Ahí se presentó como un agricultor, le prometió al joven contratarlo y quedó de comunicarse en un par de jornadas. Fish regresó varios días después de lo que había dicho, pero al llegar a la casa de Edward Budd conoció a la niña Grace Budd, de 10 años.

Las habilidades para el engaño del asesino en serie coincidieron con la esperanza de Edward de conseguir emplearse, así que Fish convenció a los padres, Albert Budd y Delia Flanagan, de que le permitieran llevarse a la niña a la fiesta de cumpleaños de una supuesta sobrina. Los Budd nunca más vieron a Grace, porque el *Hombre lobo* la llevó a una casa abandonada llamada Wysteria Cottage. En el lugar la estranguló y la devoró.

La caza del lobo

Los años pasaron. La locura colocaba a Fish entre el remordimiento y el cinismo, se atormentaba por haber matado a la pequeña Grace, pero también disfrutaba al recordarlo. En algún momento de sus delirios, envió una carta a la mamá de la niña. Un escrito cruel en el que mencionaba los detalles de cómo se atragantó con el cuerpo de su hija. Le contó que luego de asfixiarla la cortó en muchos trozos pequeños para llevarla hasta su casa y ahí la devoró en nueve días. El sádico le aclaró también que no la violó, que «ella murió virgen».

Ese texto, que ningún padre está apto para leer, fue escrito en una hoja que tenía el emblema de una asociación benéfica. Fue la pista que condujo a la policía a dar con el lugar donde vivía Albert Fish, quien se defendió con una navaja cuando llegaron a detenerlo, pero el monstruo, ya con 65 años, poco pudo hacer y terminó aprehendido.

El juicio contra Fish inició el 11 de marzo de 1935, su defensa alegó locura y el asesino aseguraba que la voz de Dios era la que le ordenaba matar niños. Después de diez días de alegatos, el inculpado sólo reconoció tres crímenes y la fiscalía presentó el testimonio de diferentes psiquiatras que apoyaron que, aunque Fish tenía muchos desórdenes sexuales, como voyerismo, sadismo, masoquismo, exhibicionismo, canibalismo, coprofagia, pedofilia, entre otros, el acusado tenía la capacidad mental para diferenciar entre lo bueno y lo malo.

Albert Fish fue declarado culpable y condenado a la silla eléctrica. Su ejecución fue como la de cualquier otro sentenciado, murió tres minutos después de haber ingresado a la cámara de ejecución sin el perdón de las víctimas ni el de su propia conciencia.

SILLA ELÉCTRICA

En 1886, Harold P. Brown, un empleado de la empresa del reconocido inventor Thomas Alva Edison, fue contratado para desarrollar un sistema más *humano* para ejecutar a los reos condenados a la pena capital, y así sustituir a la horca. Brown desarrolló este sistema utilizando corriente alterna y experimentando incluso con un elefante. En agosto de 1890, el asesino William Kemmler fue el nada honroso primer cliente de esta invención de dos mil voltios de muerte pura.

Sergio Sepúlveda

ALBERT HENRY DESALVO

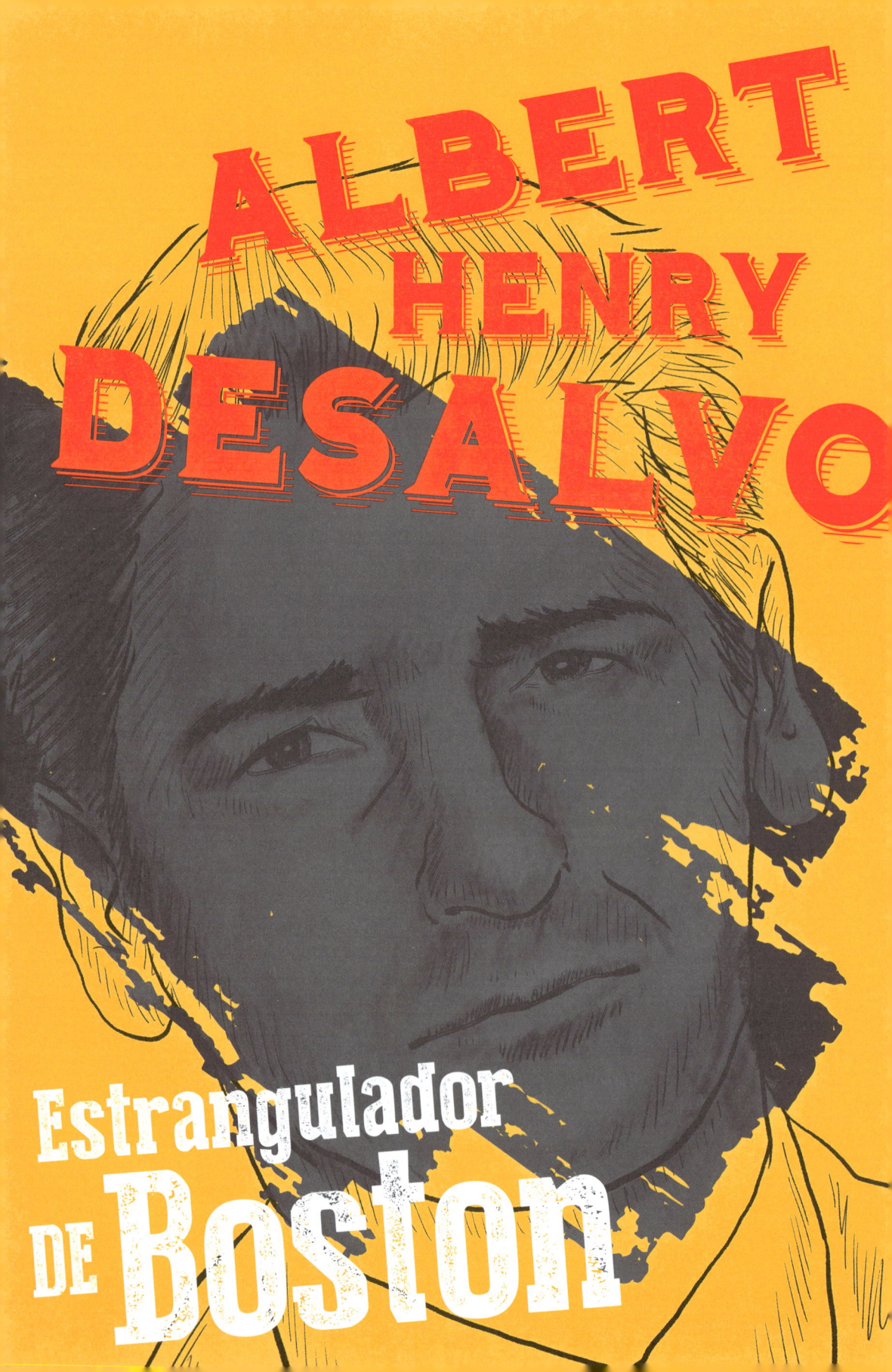

Estrangulador de Boston

Dicen que nada en esta vida es una coincidencia, pero la vida misma se empeña en hacernos sospechar que alguien escribe partes de la historia con cierto humor negro, con ironía, o adereza lo cotidiano con detalles para sorprendernos. Cada año, el 25 de noviembre, se conmemora el Día internacional de la **no violencia** contra las mujeres, fecha necesaria para seguir diciendo #NiUnaMenos, hasta que las mujeres, de cualquier país, dejen de ser agredidas. Pero esta fecha coincide con la muerte de uno de los abusadores de mujeres más famosos de la historia de Estados Unidos: Albert DeSalvo.

Eran las siete de la mañana del domingo 25 de noviembre de 1973 cuando los guardias del penal de Walpole (en la actualidad se llama MCI-Cedar Junction, o el Instituto Correccional de Massachusetts), hacían su recorrido matutino por la cárcel de máxima seguridad que en los años setenta era una de las más violentas de todo el país. Los guardias encontraron el cadáver desangrado de Albert DeSalvo. Se dice que fue ejecutado por vender anfetaminas a un precio menor que el establecido por los traficantes del penal, pero la causa nunca fue esclarecida, tampoco se condenó al culpable del supuesto asesinato del *Estrangulador de Boston*, quien recibió 16 puñaladas, seis de ellas en el corazón.

Así murió DeSalvo, más no su retorcida leyenda. Él confesó ser el autor de la muerte de 13 mujeres, pero las autoridades, su familia y los familiares de varias víctimas sospechaban que no fue el verdadero responsable, y que decidió asumirse culpable para obtener dinero por los derechos de su historia para la realización de un libro y una película.

Abramos el expediente del *Estrangulador de Boston*.

Inicios de sangre

Albert DeSalvo nació el jueves 3 de septiembre de 1931 en Chelsea, Massachusetts, en un hogar donde los golpes y el maltrato psicológico eran parte de la vida cotidiana para él, sus cuatro hermanos y su madre. El padre de Albert, Frank, estaba enfermo de alcoholismo y esa condición aumentaba su trato violento. A la mamá de Albert, Charlotte, la golpeaba de manera constante, de forma tan cruel que en una ocasión le sacó todos los dientes (algunos dicen que uno por uno, otros que de un puñetazo). No sólo eso, Frank DeSalvo llevaba prostitutas a la casa de la familia y obligaba al pequeño Albert, de sólo 7 años, a observar cómo mantenía relaciones sexuales con ellas. Violencia y sexo fueron dos de los principales ingredientes que empezaron a formular la personalidad de Albert.

En el torbellino de esa familia disfuncional, Albert y su hermana fueron arrastrados a la granja de un conocido de su padre, que al no tener dinero, decidió rentarlos por una temporada como esclavos. ¿Imaginas la magnitud de ese golpe al amor propio de un niño? A eso hay que agregar las cicatrices de maltratos físicos y abusos sexuales que dejaron los meses de esclavitud con el granjero.

Albert y su hermana regresaron a casa, pero las cosas no cambiaron, por el contrario, Frank decidió empezar a formar a su hijo como un delincuente; comenzó a enseñarle algunas técnicas para robar, así, el pequeño inició su carrera delictiva con la presión paterna de conseguir dinero para sobrevivir a la brutalidad de su papá.

HÉROE

Conforme crecía, Albert DeSalvo fue engrosando su historial criminal. A los 12 años cometió su primer robo, pero los delitos que lo llevaban a ser detenido eran menores, básicamente hurtos y peleas, por lo que entraba y salía del reformatorio. De esta forma transcurrió su juventud, hasta que se enroló al Ejército el jueves 16 de septiembre de 1948, trabajo que lo llevó hasta Alemania, en 1949. Los cinco años que estuvo ahí fueron una época más relajada para él, quien pese a algunos reportes de desobediencia, fue cubierto de reconocimientos. En ese lapso, se dio tiempo para aprender box, y hasta se convirtió en campeón de peso medio del Ejército en Europa.

El poder del amor

El romance tocó a su puerta, conoció a la joven Irmgard Beck, una chica de clase media y familia católica, con quien se casó. ¿Acaso el poder del amor puede ser tan fuerte, como para cambiar el destino de un hombre que tenía todo para ser el más ruin de todos? Por un momento así fue.

Con el matrimonio, DeSalvo se dedicó a hacer feliz a Irmgard, pues no quería repetir con ella la violencia de la que su madre fue víctima. Casado y feliz, Albert regresó a Estados Unidos en 1954, y un año después, la familia creció con

Sergio Sepúlveda

la llegada al mundo de su primera hija, de nombre Judy, quien lamentablemente nació con una deformidad en la cadera que la obligó a usar aparatos ortopédicos desde los dos. Esa noticia afectó la relación entre Irmgard y Albert, pues ella hacía sentir culpable a DeSalvo de la condición de su pequeña. Con este conflicto, Irmgard empezó a rechazarlo en la intimidad, pues consideraba que Albert era demasiado *sexual*, a un nivel enfermizo, es decir, su esposa notaba que el comportamiento de Albert era lascivo, al grado de incomodarla. Sin embargo, DeSalvo embarazó de nuevo a Irmgard y tuvieron un hijo varón, a quien pusieron el nombre de Michael. Para esa época, la familia vivía en Chelsea, el lugar natal de Albert, quien ya se había retirado del Ejército.

Recordando a mamá

La bestia estaba suelta y comenzó sus ataques obscenos cuando la hoja del calendario mostraba el jueves 14 de junio de 1962. Minutos antes de las ocho de la noche, Juris Slesers entró al departamento de su madre, Anna Slesers, y la encontró tirada en la cocina. Anna, de 55 años, estaba desnuda y su bata de baño tirada en el suelo a unos metros de ella. El cinturón de la bata y un trozo de tela rodeaban su cuello; todo indicaba que la mujer le había abierto la puerta a un ladrón instantes previos a que ella se metiera a la tina de baño. El hombre la atacó sexualmente y tuvo tiempo de llevarse algunas cosas.

Catorce días después, el jueves 28 de junio, Mary Mullen, de 85 años, sucumbió *supuestamente* ante Albert DeSalvo, quien años después confesaría a los investigadores que a ella no la estranguló, que ella murió en su sofá recostada

HAMBRE SEXUAL

La falta de trabajo llevó a DeSalvo a cometer varios asaltos, sobre todo a casas, y por ellos fue detenido en un par de ocasiones. Al mismo tiempo, su apetito sexual no disminuía y buscaba satisfacerlo de distintas formas prohibidas. Un día decidió imitar a un fotógrafo, quien formaba parte del elenco de un programa de televisión, y acudía a los hogares de mujeres jóvenes para tomarles medidas y ofrecerles la posibilidad de convertirlas en modelos. Albert DeSalvo hizo lo mismo. Visitaba las zonas estudiantiles de las universidades en Boston para tocar la puerta de los departamentos en donde vivían chicas; cuando lo recibían, las envolvía diciendo que era un representante de modelos. Las mujeres que accedían, se dejaban tomar las medidas y algunas fueron seducidas. En realidad nunca violó a ninguna de ellas, pero las mujeres que nunca recibieron una llamada para ser contratadas en el modelaje denunciaron el *modus operandi* de Albert DeSalvo, que terminó arrestado en 1961. Fue encarcelado durante once meses por *lujurioso*, y en 1962 recuperó su libertad. ¿Jamás sospechó algún juez o policía que este hombre era un criminal con potencial para ser un animal? Es difícil de creer.

plácidamente en sus brazos. De hecho, la autopsia reveló que la anciana Mary perdió la vida por un infarto y la policía lanzó la hipótesis de que murió porque su corazón no soportó el terror.

Pasaron tan sólo 48 horas. El sábado 30 de junio Nina Nichols de 68 años, fue encontrada muerta alrededor de las 7:30 de la noche. La puerta de su departamento tampoco fue forzada y los objetos esparcidos por el suelo hacían suponer un robo menor. El cuerpo de la mujer estaba tirado en su habitación, a medio vestir con una bata de baño subida hasta la cintura; en su cuello estaban atadas dos medias de nylon que le quitaron el aliento. La señora Nina, quien vivía sola porque había enviudado varios años atrás, fue atacada sexualmente con saña y penetrada con una botella de vino.

Dos días después, la policía llegó a otro departamento, en el norte de Boston, para verificar que Helen Blake, una enfermera de 65 años, estaba muerta, estrangulada en su hogar, el cual había sido registrado para aparentar un saqueo. El cuerpo fue hallado en su cama, boca abajo, desnudo en la parte inferior y en su cuello un nudo mortal hecho con una media de nylon y su brasier. Helen no fue atacada sexualmente y la vecina del departamento de un piso abajo dijo a los investigadores que el 30 de junio, es decir, la misma fecha de la muerte de Nina Nichols, había escuchado mucho ruido de muebles, pero pensó que su vecina estaba haciendo limpieza.

La policía alertó que un asesino en serie estaba de cacería, un asesino que actuaba de la misma forma, un asesino que había matado a dos mujeres el mismo día, un asesino que hasta el momento se aprovechaba de la ingenuidad y debilidad de ancianas, un asesino que empezaría a ser conocido como el *Estrangulador de Boston*.

El 19 de agosto de 1962, la señora Ida Irga, de 75 años, fue atacada en el domicilio donde vivió por cinco lustros. Su familia la había llamado varias veces, y al no saber de ella, fueron a buscarla. Al abrir, lo primero que vieron fue el cuerpo de Ida con las piernas abiertas. El asesino la desnudó, la acostó y dejó abiertas sus extremidades con ayuda de dos sillas, como si la mujer estuviera en una revisión con el ginecólogo. Ida fue violada y asfixiada con la tela de una funda de almohada. Los investigadores apuntaban que por la posición del cadáver y, sobre todo, por haber sido colocado para que fuera visto en cuanto entrara alguien, el homicida estaba lanzando una burla y una provocación directa.

Dos días más tarde, el martes 21 de agosto, fue encontrada sin vida una enfermera que trabajaba en el turno nocturno del Hospital Longwood. Ella vivía sola, como las otras víctimas de la lista, y al igual que ellas era madura, pues había cumplido 67 años, y respondía al nombre de Jane Sullivan. Cuando la policía llegó, dedujeron que llevaba muerta varios días. El asesino dejó a Jane en su bañera, arrodillada, boca abajo, con los hombros descubiertos, los calzones a la altura de los tobillos y, en su cuello, el sello de la casa, dos medias de nylon que la asfixiaron.

A estas alturas, la policía ya trabajaba con un grupo de investigadores de distintas áreas y disciplinas. Los psiquiatras apuntaban que el asesino serial tenía un odio en contra de su madre, por eso elegía a mujeres maduras como blancos. Los medios de comunicación daban seguimiento a los hechos y hasta difundían medidas de prevención para evitar ser víctimas del *Estrangulador de Boston*. Al pasar varias semanas sin noticias, la sociedad era optimista de que el homicida se había detenido. Una tensa calma, una mesurada confianza flotaba en la sociedad bostoniana hasta que llegó el mes de la Navidad.

Cambio de rumbo

Miércoles 5 de diciembre de ese mismo fatídico 1962. El cuerpo de Sophie Clark yacía boca arriba. Sus ojos abiertos, inmóviles, aparentaban estar viendo sus sueños esfumarse; sueños que se destrozaron por la violencia de un intruso en su domicilio. El cuerpo de Sophie tenía la ropa desgarrada; en esa escena, el liguero y las medias negras de la joven de 20 años no lucían sensuales, sino sórdidos: la blusa floreada que eligió esa tarde para ir a la escuela estaba marchita y el sostén roto, como su pulso. Sophie fue estrangulada con una enagua y una media atornilladas a su cuello. Sophie Clark fue la primera mujer joven en ser asesinada por el estrangulador y la única de raza afroamericana. Con este homicidio, los investigadores volvieron a colocarse en el precipicio de la incertidumbre, pues el patrón había sido modificado. Además, el delincuente, por descuido o a propósito, dejó un rastro para los sabuesos: semen en la alfombra.

Antes de terminar el año, el *Estrangulador de Boston* atacó de nuevo. El lunes 31 de diciembre, Patricia Bissette no se presentó a su trabajo como recepcionista. Su jefe se comunicó con el conserje del edificio donde vivía la joven, quien también estudiaba en la universidad. Al entrar a su domicilio notaron que Patricia estaba durmiendo el sueño eterno. Fue fácil deducir que había sido asaltada sexualmente y estrangulada, pero lo macabro estaba en el nudo en su cuello. Como quien encuentra un placer perverso en lo estrafalario, el *Estrangulador* echó mano de cuatro prendas de vestir para acabar con la vida de Patricia. Primero ató una blusa directamente a la piel del cuello, encima una media de nylon y, arriba de esto, dos medias más amarradas conformaron el torniquete de tela. Patricia tenía 23 años y un mes de embarazo.

Después del último golpe del *Estrangulador,* la sociedad se sacudió más fuerte. No era que las muertes de las ancianas fueran poco, no era que las jóvenes asesinadas entraran en un inventario que ya tenía poca sorpresa, pero que una mujer embarazada integrara la lista mancillada eliminó cualquier indiferencia, si es que había alguna. Así, pasaron poco más de dos meses.

Sadismo *in crescendo*

Miércoles 6 de marzo de 1963. El *Estrangulador de Boston* manchó de sangre el primer tercio del año. Su siguiente víctima fue una mujer de 69 años a quien violó, estranguló, golpeó en la cabeza y apuñaló sus pechos con un tenedor que dejó clavado en un seno. Sí, Mary Brown fue asesinada con el odio de quien desea lastimar hasta la entraña.

Si hasta aquí has perdido la cuenta de víctimas, te recuerdo que llevo narrados nueve asesinatos. Faltan cuatro más. Igual de sádicos, igual de enfermos, igual de tétricos. *¿Quieres seguir leyendo?*

Lo sabía.

Lunes 6 de mayo. Beverly Samans, de 23 años, no acudió a su ensayo con el coro al que pertenecía porque el *Estrangulador* asaltó su domicilio. Fue violada, pero el culpable no eyaculó en ella. Su cuello sufrió el embate de un ahorcamiento, pero no fue la causa de su deceso. En lugar de eso, Beverly recibió un número descomunal de cuchilladas: al menos cuatro en el cuello, doce en el pecho y cinco alcanzaron el pulmón izquierdo. Para ese acto de barbarie, a Beverly le ató las manos hacia la espalda con una bufanda, le colocó dos pañuelos de seda y una media de nylon en el cuello y, para acallarla, le metió un trozo de tela en la boca. Curiosamente, Beverly hacía su tesis sobre aberraciones mentales.

La historia continúa.

El 8 de septiembre de 1963, la muerte, disfrazada de un hombre perturbado que encontró su catarsis en el dolor ajeno, alcanzó a Evelyn Corbin, de 58 años. Por la mañana, la mujer compartió el desayuno con una vecina y aprovechó su día libre para hacer planes. Iría a misa y después almorzaría con la misma amiga. A la una de la tarde, la amiga de Evelyn la buscó en su departamento y, como no le abrió, entró a la vivienda para gritar al ver a Evelyn muerta sobre su cama. En el cuello, el collar mortal hecho por dos medias. Evelyn fue violada en su día de asueto y terminó descansando en paz.

Llegó el 22 de noviembre de 1963, una fecha que siempre se recordará en Estados Unidos porque fue el día en el que asesinaron al entonces presidente John F. Kennedy, en la ciudad de Dallas, Texas. El país estaba conmocionado, más aún al observar una y otra vez las imágenes del proyectil que le destrozó el cráneo a uno de los mandatarios más carismáticos. Sin embargo, había alguien que seguía con el deseo de matar y de llamar la atención, por encima del luto nacional.

El cuerpo de la joven de 23 años, Joan Graff, fue hallado el sábado 23 de noviembre, mostrando su intimidad, rígida, pálida, sin pulso. La blusa movida hasta la altura de las axilas, dos medias de nylon acompañadas de un leotardo apretaban su cuello. No había maldad en ella, los domingos impartía clases como maestra y le gustaba el arte.

Terminó el año 1963, pero al *Estrangulador* le sobraba lujuria y rencor.

Espejito, espejito

Para entonces había miles de páginas en el expediente del *Estrangulador de Boston*, pero ninguna pista contundente que llevara a la policía a su arresto. Pasaron meses hasta que el homicida cometió un error: no matar a una de sus víctimas.

El martes 27 de octubre de 1964, un hombre se hizo pasar por un detective e ingresó al domicilio de una joven a quien le aplicó el mismo ritual: la amarró, la violó y cuando la estaba asfixiando se detuvo al verse en el espejo; por primera vez, su reflejo de criminal lo sacudió. El *Estrangulador* le ofreció disculpas a la chica y escapó. La víctima llamó a la policía y proporcionó los rasgos suficientes para elaborar un retrato hablado que condujo a la policía hasta la detención de Albert DeSalvo. Decenas de mujeres lo reconocieron como su violador. Las sospechas y los recuentos hacían pensar que si Albert DeSalvo era el *Estrangulador de Boston*, después del asesinato de Mary Sullivan, abusó sexualmente de alrededor de 300 mujeres.

Era viernes 6 de noviembre de 1964 cuando Albert DeSalvo fue detenido y trasladado al Hospital Bridgewater, que en realidad era una especie de cárcel, para ser observado. Hasta ese momento, y hasta el final de sus días, nadie lo acusó de ser el *Estrangulador de Boston*. Cuando fue detenido, él sólo era señalado como responsable de las violaciones de *El hombre verde,* ya que DeSalvo siempre usaba ropa de trabajo de tal color para ingresar a los domicilios de sus víctimas y agredirlas sexualmente.

¡FELIZ AÑO NUEVO!

Sábado 4 de enero de 1964. Dos mujeres que compartían el domicilio con Mary Sullivan regresaron del trabajo y supusieron que Mary estaba dormida. Para la hora de la cena la llamaron, y al no recibir respuesta, entraron a su cuarto. Allí la encontraron en su cama, sentada con la espalda recargada en la cabecera. Sus gritos se dirigieron para llamar a la policía, que llegó para tomar nota de que la jovencita de 19 años fue asfixiada con una media de nylon y dos bufandas, y no sólo eso, el *Estrangulador* la violó con una escoba y dejó una tarjeta de Año Nuevo entre los dedos de uno de sus pies.

Mea culpa

¿Quién lo culpó de las 13 muertes atribuidas al *Estrangulador de Boston*? Nadie.

¿Quién aseguró que Albert DeSalvo era el asesino en serie que usaba medias de nylon para asfixiar a mujeres solas en sus casas? Nadie.

Nadie ajeno a él. Es decir, el propio Albert DeSalvo, y solamente él, se atribuyó la autoría de las 13 muertes que aterrorizaron a Boston, pero jamás fue juzgado por esos homicidios.

Entonces, ¿por qué terminó en la cárcel, condenado a cadena perpetua? La versión más corta es la siguiente.

Se ha contado que Albert DeSalvo se enteró de que la recompensa por la información que llevara a capturar al *Estrangulador* era de diez mil dólares. Entonces decidió culparse y quiso llegar a un acuerdo con otro criminal, George Nassar, a quien conoció en el Hospital Bridgewater. Nassar le diría a su abogado, y éste a las autoridades, que DeSalvo le había confesado ser el *Estrangulador de Boston*.

El plan de Albert calculaba obtener la recompensa a través del abogado de Nassar, repartirla, y así dejar a su familia asegurada económicamente. DeSalvo no temía que lo condenaran a la silla eléctrica, porque alegaría problemas mentales.

Lo cierto es que aunque Albert DeSalvo se empeñó en contar, detalle a detalle de cada uno de los homicidios de las 13 mujeres víctimas del *Estrangulador*, los investigadores nunca obtuvieron pruebas contundentes y satisfactorias para acusarlo por esa lista de crímenes.

Después de más de dos años de estudios, interrogatorios y encierro, Albert DeSalvo fue llevado a juicio el lunes 9 de enero de 1967. Los delitos por los que se le acusó fueron robo a mano armada y atentado contra el pudor. Su defensa lo declaró *no culpable* por estar mentalmente enfermo. Fue hasta el miércoles 18 de enero cuando terminaron los alegatos y el juez lo declaró culpable y condenado a cadena perpetua.

DeSalvo fue llevado al hospital Bridgewater y después encerrado en una prisión de máxima seguridad. Antes de ser trasladado, el viernes 24 de febrero, Albert y dos reclusos escaparon, pero fueron detenidos 36 horas después, ya que el mismo DeSalvo llamó a su abogado para que fuera por él. Los psiquiatras aceptaban que el tipo estaba enfermo y que deseaba recibir ayuda, y por eso llamaba la atención de esa forma, fugándose, pero en lugar de ser asistido, DeSalvo fue llevado a la cárcel de Walpole, donde permaneció hasta el domingo 25 de noviembre de 1973, cuando fue hallado muerto.

Los estranguladores

¿Qué sucedió con las investigaciones en torno al *Estrangulador de Boston* y a Albert DeSalvo como el primer sospechoso de esos crímenes?

Con la detención de DeSalvo, los homicidios con ese *modus operandi* cesaron, pero no hubo pruebas para juzgar a Albert por esos delitos. Tras la muerte de este hombre, el expediente permaneció abierto, aunque sin más trabajo de investigación.

Así fue hasta 1995. En ese año, Casey Sherman, sobrino de Mary Sullivan, la última víctima del *Estrangulador,* leyó el libro titulado *Los estranguladores de Boston*, en el que se sostiene que no hubo un asesino solitario, sino varios homicidas que se fueron imitando. Casey preguntó a su madre su opinión acerca de la responsabilidad en la muerte de su tía Mary Sullivan, y le contestó que ella estaba convencida de que Albert DeSalvo no había matado a su hermana.

Casey Sherman contactó a Richard DeSalvo, uno de los hermanos de Albert, para pedirle que trabajaran juntos y lograr que se retomara el caso, ya que después de revisar las grabaciones de las confesiones de Albert, muchas de ellas no coincidían con los reportes de las autopsias.

Fue hasta el año 2001 cuando el cuerpo de Albert DeSalvo fue exhumado para tomar muestras de ADN y compararlas con la evidencia en la muerte de Mary Sullivan. No lograron establecer coincidencias, sólo descartaron que DeSalvo la hubiera violado, pero sin eliminar la sospecha de que sí la asesinó.

No obstante, en julio de 2013, gracias al avance en las técnicas forenses y del análisis de ADN, un grupo de investigadores determinó estar seguro en un 99.99% de que Albert DeSalvo fue el asesino de Mary Sullivan. Contaron que durante algún tiempo siguieron los pasos de un sobrino de Albert DeSalvo y obtuvieron sus muestras genéticas cuando tiró en la calle una botella que había manipulado. De ese envase obtuvieron muestras que, al compararlas con lo almacenado en el expediente de los años sesenta, concluían que Albert DeSalvo asesinó al menos a Mary Sullivan, una de las 13 víctimas del *Estrangulador de Boston*.

¿Fue Albert DeSalvo el *Estrangulador de Boston*? Nunca tendremos la certeza, sólo el fantasma de la sospecha.

PRUEBAS DE ADN

Los primeros casos en los que estas técnicas ayudaron a resolver una serie de crímenes sucedieron en el Reino Unido, en 1986. Fueron dos feminicidios, uno en 1983 y el otro en 1986. Las características de cada uno hacían pensar en un mismo asesino. Un hombre se confesó culpable, pero su perfil genético no coincidía con las muestras de semen recuperadas. Un año más tarde, una llamada alertó a la policía. Finalmente, el panadero Colin Pitchfork acabó confesando los crímenes luego de que su material genético lo delató.

Sergio Sepúlveda

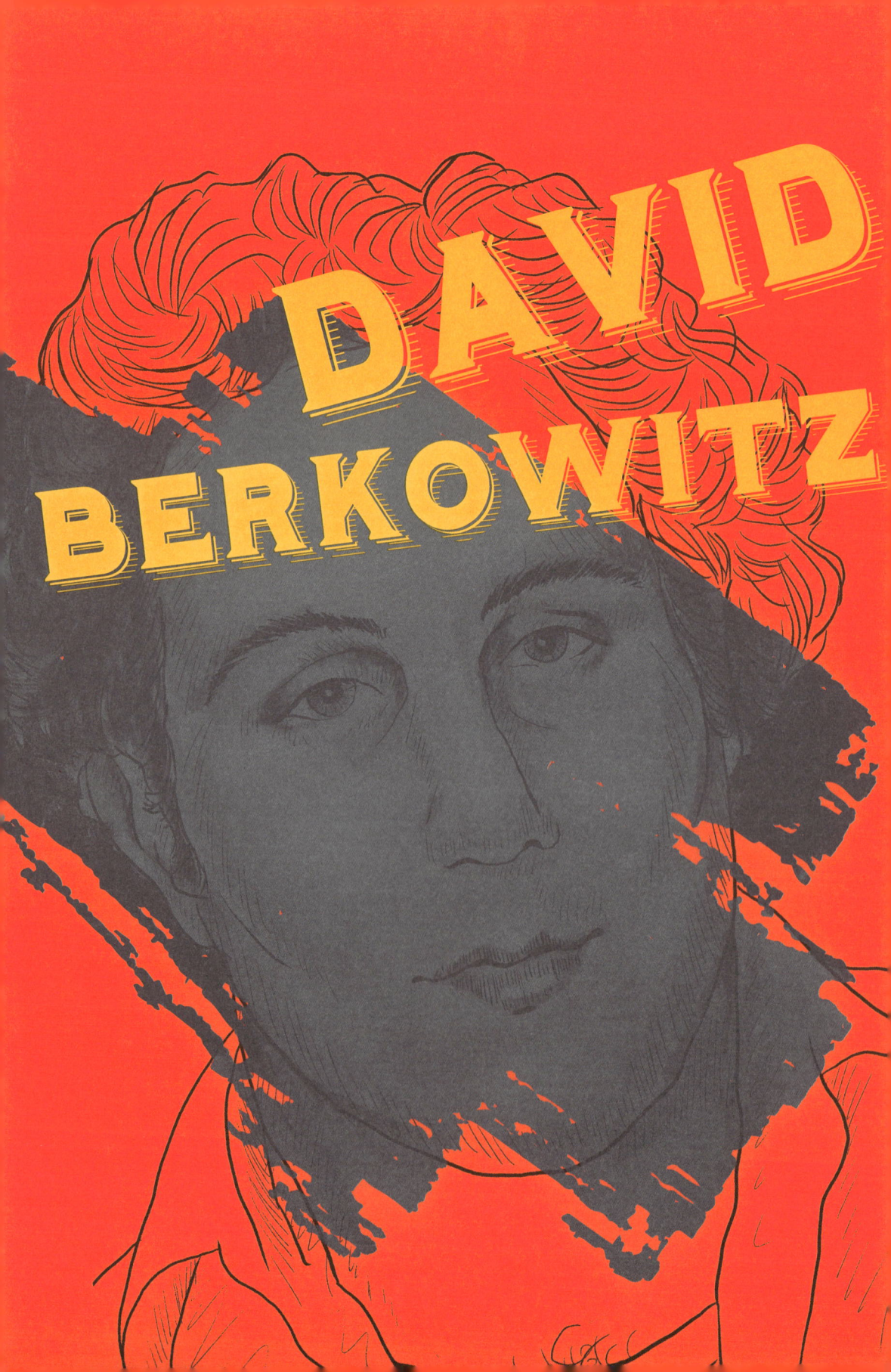

DAVID BERKOWITZ

Siempre he pensado que las sentencias que contemplan muchos más años de los que un ser humano puede vivir intentan ser un bálsamo para las víctimas y sus familiares y, al mismo tiempo, son una especie de tumba para que el culpable se sienta enterrado vivo. ¿O de qué otra forma puedes describir un veredicto que condena a una persona a pasar seis periodos de 25 años a cadena perpetua en la cárcel? Es decir, David Berkowitz estará en la sombra al menos 150 años, pero si él lograra convertirse en un extraño caso de inmortalidad, pasado un siglo y medio, tal vez seguiría en la cárcel.

¿Qué hizo David Berkowitz para tal castigo? Aquí abro su expediente.

Hijo de Sam

Adoptando al diablo

David nació el lunes 1 de junio de 1953, su madre biológica se llamaba Betty Broder, quien no lo deseaba y lo abandonó; por fortuna para David, llegó al hogar de Nat y Pearl Berkowitz, quienes lo cobijaron. Sin embargo, la infancia no fue fácil para el pequeño David, tímido y con baja autoestima. La adolescencia fue peor, pues su madre adoptiva enfermó de cáncer de mama y falleció cuando él tenía 14 años. Sí, dos veces la vida lo convirtió en huérfano.

Antes de cumplir la mayoría de edad, se alistó en el Ejército de Estados Unidos, donde durante tres años tuvo un desempeño honorable, de bueno a perfecto. Con 21 años cumplidos decidió buscar a su madre biológica, y la encontró. Lo que David más deseaba era hallar respuestas, y su madre le explicó las razones por las cuales se deshizo de él. Eso no ayudó mucho a David, quien, al final, se sintió más despreciado y la cicatriz de abandono hecha por la mujer que le dio la vida se fue haciendo más profunda con cada fracaso en sus intentos por relacionarse sentimentalmente con las mujeres. Sí, así lo sintió; pero él tomaría cartas en el asunto.

El sonido de un arma

Llegó el jueves 29 de julio de 1976, en un barrio del Bronx, Nueva York, dos jovencitas estaban platicando a bordo de un auto. El reloj marcaba apenas unos minutos más allá de la una de la mañana. Las chicas habían regresado de una discoteca y conversaban sobre algunos detalles de esa noche de baile. Jody Valenti, de 19 años, era la dueña del vehículo y llevó a su departamento a Donna Lauria, de 18. Donna se despidió y abrió la puerta del auto; súbitamente, un hombre apareció para abrir fuego contra las mujeres. Lauria murió al instante de un balazo, Jody fue herida en un muslo. El agresor escapó.

Sábado 23 de octubre. Rosemary Keenan de 18 años y Carl Denaro de 20 estaban platicando dentro de un auto en la zona de Queens. El ruido de vidrios reventados los puso en alerta, pero entraron en pánico al notar que eran las ventanas del coche las que se rompieron por los balazos que alguien les había dirigido. La joven se armó de valor y puso en marcha el motor para escapar. Ella sacó la mejor parte, pues sólo fue alcanzada por los fragmentos de los vidrios. Carl Denaro sí resultó herido por una bala que llegó a su cabeza. Por fortuna, los médicos lograron salvarle la vida colocándole una placa de metal en el cráneo.

Hasta aquí, dos coincidencias. Los dos tiroteos habían sido contra autos estacionados y hechos con un arma de fuego calibre .44. Los habitantes de Nueva York empezaron a ponerse nerviosos.

Cambio de plan

Sábado 27 de noviembre. Pasada la medianoche, Donna DeMasi, de 16 años, y Joanne Lomino, de 18, habían regresado del cine. Las amigas estaban platicando en la entrada del domicilio de Lomino, en el área de Queens. Mientras charlaban, fueron sorprendidas por un tipo que les solicitó información sobre cómo llegar a una dirección. En eso estaban cuando el sujeto sacó un revólver y disparó una bala a cada mujer. Ambas cayeron heridas y el agresor escapó disparando al aire. El proyectil que alcanzó a Donna DeMasi la lastimó en el cuello, pero ella sobrevivió, y la bala para Joanne Lomino se alojó en su espalda, un pedazo de plomo que no le quitó la vida, pero sí la capacidad de moverse de la cintura hacia abajo.

Era la madrugada del domingo 30 de enero de 1977, como quienes piensan que a ellos no les va a pasar nada, sin hacer caso de la forma en que se habían producido los tiroteos del año anterior en Nueva York, John Diel, de 30 años, platicaba a bordo de su auto con su novia Christine Freund, cuatro años menor que él. Habían salido del cine y planeaban dirigirse a una discoteca. Minutos antes de que el reloj marcara la una de la mañana, la temperatura fría de la época invernal subió un poco gracias a la pólvora de al menos tres disparos que irrumpieron dentro del vehículo. John no tuvo heridas importantes, pero dos balas encontraron poca resistencia en el cráneo de la mujer, que murió.

Martes 8 de marzo. Virginia Voskerichian había salido de la universidad. Caminaba rumbo a su casa alrededor de las

19:30 horas cuando un hombre la asaltó y le mostró un revólver frente a su cara. Virginia se auxilió de los libros que llevaba en las manos para formar un escudo entre su rostro y la pistola. El hombre no dudó en jalar el gatillo a tan corta distancia, destrozando los libros y dirigiendo una bala directo a la cabeza de la mujer de 19 años, quien falleció, convirtiéndose en otra víctima del asesino del calibre .44.

Luego de poco más de un mes, el domingo 17 de abril, la misma ruleta de violencia se detuvo sobre dos personas más: una mujer y un hombre. Ella se llamaba Valentina Suriani, tenía 18 años; él respondía al nombre de Alexander Esau y sólo tenía 20 años. Los jóvenes romanceaban y, mientras se besaban, los vidrios empañados cedieron ante el empuje de cuatro impactos. Valentina recibió dos balazos y murió en el auto, y dos proyectiles extras le quitaron la vida a su novio, quien alcanzó a llegar al hospital, pero no pudieron hacer nada por él.

Yo asesino

Siempre he estado de acuerdo con aquel cliché de escritor que afirma que «no hay mayor temor que enfrentarse a una hoja en blanco». ¿Ese mismo miedo puede llegar a sentir un asesino serial cuando se dispone a relatar sus fechorías? Si no fuera así, ¿a qué se parecerá la fascinación de contar y hacerse responsable de sus actos delictivos: al placer de un orgasmo, al subidón de un chocolate, a la dosis de adrenalina de un deporte extremo, a recibir un dinero que no contemplabas, o a qué?

Algunas líneas de esa carta decían lo siguiente:

> Yo soy el *Hijo de Sam*. Soy un poco malcriado.
>
> Papá Sam también me mantiene encerrado en el ático. No puedo salir, pero miro por la ventana y veo pasar el mundo.
>
> Estoy en una longitud de onda diferente a la de todos los demás, programada también para matar. Sin embargo, para detenerme debes matarme.
>
> Atención a todos los policías: dispárenme primero, dispárenme a matar o, de lo contrario, manténganse fuera de mi camino o morirán.
>
> Vivo para la caza, mi vida. Sangre para papá. Señor Borelli, señor, ya no quiero matar, señor, no más, pero debo hacerlo.
>
> Policía: déjenme amenazarlos con estas palabras: ¡Vuelvo enseguida!

OBJETIVO IDENTIFICADO

La policía comenzó a sospechar que el tirador era una misma persona, por el calibre utilizado y porque todo indicaba que estaba siguiendo un patrón: mujeres jóvenes con el cabello largo y oscuro.

ELIGE UN NOMBRE

Un escenario recurrente y el mismo calibre, pero en este asesinato, el homicida puso otro ingrediente. Dejó una carta dirigida al capitán Joseph Borelli, quien encabezaba la operación Omega para atrapar al homicida en serie. En esa carta el firmante se autonombró el *Hijo de Sam*.

Epístolas sangrientas

Después de analizar esta carta, los asesores en piscología de la policía de Nueva York determinaron que el *Hijo de Sam* padecía paranoia, esquizofrenia y se presentaba como una víctima de una posesión diabólica. Pero esta carta no fue la única escrita por el *Hijo de Sam*. El lunes 30 de mayo de 1977, el columnista del periódico *New York Daily News*, Jimmy Breslin, recibió otro texto de quien se hacía responsable de los asesinatos con balas calibre .44 y en un fragmento se leía:

> Llámame *Jim*. ¿Qué vas a tener para el 29 de julio? Puedes olvidarte de mí si lo deseas, porque no me interesa la publicidad. Sin embargo, no debes olvidar a Donna Lauria y tampoco puedes dejar que la gente la olvide. Era una chica muy, muy dulce, pero Sam es un muchacho sediento y no me permitirá dejar de matar hasta que se sacie de sangre.

La misma carta finalizaba así:

> Posdata: JB (Joseph Borelli). Sigan indagando, manejando, piensen positivo, tiren las colillas, toquen ataúdes... Después de mi captura prometo comprarle a todos los chicos que trabajan en el caso un par de zapatos nuevos, si puedo conseguir el dinero. El *Hijo de Sam*.

Esta carta fue publicada por el diario una semana más tarde, después de que se acordó con la policía mantener confidenciales algunas partes.

El *Hijo de Sam* decía no querer publicidad, pero seguro gozaba con el impacto de sus crímenes y sus textos. No obstante, ser famoso no era suficiente para un asesino que estaba sediento de sangre. Había amenazado al periodista preguntándole ¿qué tendría para el 29 de julio? Fecha en la que cumpliría un año matando, pero el siguiente tiroteo fue antes.

Domingo 26 de junio. Las jóvenes Sal Lupo, de 20 años, y Judy Placido, de 17, se encontraban afuera de una discoteca, alrededor de las tres de la mañana; irónicamente, intercambiaban puntos de vista acerca del *Hijo de Sam,* cuando tres disparos alcanzaron el automóvil en el que estaban. La joven Placido fue herida en la sien derecha, en un hombro y en la nuca, mientras que Lupo recibió un roce en el antebrazo derecho. Ambas vivieron para contarlo.

Conforme se acercó el 29 de julio, la vigilancia en las calles aumentó. La zona de Queens recibió especial atención. Sin embargo, ese día no sucedió nada respecto al *Hijo de Sam*. Dos días después, el asesino atacó por última vez.

Domingo 31 de julio. Como película de terror, en la que dos protagonistas están besándose y por lo mismo el guionista los castiga matándolos, se presentó el *Hijo de Sam* ante dos jóvenes de 20 años. Mientras Stacy Moskowitz y Robert Violante se daban un beso, el asesino del calibre .44 se acercó a la puerta del copiloto y disparó cuatro veces, hiriendo las cabezas de ambos. La chica falleció en el hospital, el chico sobrevivió, pero prácticamente perdió la vista.

Si este fue su último crimen, ¿cómo fue que lo detuvieron?

Fin del tiroteo

Después de tanto trabajo, una multa de tránsito fue la pista final que dirigió a la policía hasta el domicilio de David Berkowitz. Hay que resaltar que la noche del incidente del 31 de julio, muchas personas cercanas a la escena del crimen describieron que el tirador escapó en un auto de color amarillo, y varios señalaron que era un VW sedán: un vocho. Entonces, las autoridades ordenaron que investigaran los vehículos pintados de ese color. Pero quien aportó el dato para rematar la investigación fue Cecilia Davis, una mujer que paseaba a su perro momentos antes del homicidio de Stacy

MODA PARA NO MORIR

Sucedió algo curioso: muchas mujeres neoyorquinas que se enteraron a través de los informes de la policía de que todas las víctimas tenían el cabello largo y oscuro, decidieron cambiar de *look*, provocando el aumento en las ventas de tintes y pelucas.

Moskowitz. Ella vio cómo un oficial colocó una multa a un coche que estaba estacionado cerca de una toma de agua para bomberos, y después un hombre joven pasó cerca de ella con mirada retadora. Cecilia Davis se fue de inmediato a su departamento y luego oyó los disparos. Dejó pasar algunos días, pero sus sospechas de que el hombre que la había intimidado con la mirada tenía relación con el auto infraccionado, con los disparos y con los coches que estaban siendo investigados. La llevaron a denunciar lo que vio.

Así, la policía encontró que un Ford Galaxie de color amarillo había sido infraccionado en una zona cercana al crimen. El auto pertenecía a David Berkowitz y fueron a buscarlo el miércoles 10 de agosto.

La suerte, que sí existe para las personas que trabajan de manera ardua, cobijó a los detectives John Falotico y

William Gardella, quienes al arribar a la dirección de Berkowitz se encontraron con el Galaxie amarillo estacionado afuera de la vivienda. Al asomarse, notaron que en el asiento trasero había un rifle. Los investigadores decidieron esperar a que David Berkowitz saliera de su departamento para no ponerlo sobre aviso y, al mismo tiempo, esperaban una orden para entrar en su hogar. Con la paciencia de los cazadores esperaron hasta las 10 de la noche, cuando Berkowitz salió del edificio y subió a su vehículo. Antes de que pudiera escapar, los agentes, uno de cada lado, le apuntaron y ordenaron entregarse.

El perro tuvo la culpa

¿Qué dijo Berkowitz cuando lo atraparon? Hubo dos versiones. Una de ellas sostenía que el agente le preguntó quién era él, y David contestó: «El *Hijo de Sam,* David Berkowitz». Otra versión señaló que Berkowitz preguntó al agente John Falotico: «¿Por qué tardaron tanto en atraparme?». Cualquiera de las dos coincide con que Berkowitz estaba tranquilo y esbozó una sonrisa, cínica y desafiante.

El día siguiente, jueves 11 de agosto, fue interrogado y no se necesitó mucho tiempo ni de técnicas avanzadas para que David Berkowitz aceptara ser el culpable de los tiroteos que durante un año aterrorizaron Nueva York. Una de las preguntas obligadas fue: «¿Por qué se hizo llamar *Hijo de Sam?*». Berkowitz explicó que Sam era el nombre de su vecino, quien tenía un perro negro, de raza labrador, el cual estaba poseído por un demonio sediento de sangre de mujeres jóvenes. Entonces, en ocasiones el demonio se comunicaba, a través del can, con Berkowitz, que obedecía las órdenes de salir a matar personas.

A pesar de esta locura de declaración, Berkowitz fue diagnosticado como capaz mentalmente para enfrentar el juicio.

Fue el domingo 12 de junio de 1978 cuando el juez lo sentenció a una condena en prisión de 25 años a cadena perpetua por cada uno de los seis asesinatos que cometió.

Desde entonces el *Hijo de Sam* pasó algunos meses en distintos centros psiquiátricos hasta que fue llevado a la peligrosa cárcel de Attica, en la que estuvo poco más de una década y luego fue trasladado a distintas penitenciarías, donde sigue purgando su condena a pesar de llevar, al menos, quince intentos fallidos para obtener la libertad condicional, alegando que se convirtió en un reo ejemplar, cristiano, que ayuda a otros presos y que está arrepentido de sus crímenes.

¿Tú confiarías en la rehabilitación de una persona que mató a sangre fría, que tiempo después aceptó que la historia de los mensajes demoniacos a través del perro fueron una mentira, que las paredes de su departamento estaban grafiteadas con símbolos satánicos, que aceptó que mataba mujeres jóvenes por no tener suerte con las chicas y que en 1979, cuando fue atacado en la cárcel y le cortaron el cuello, de tal forma que necesitó más de cincuenta puntadas, dijo que estaba agradecido con su atacante porque era el castigo que merecía? ¿Confiarías en él, lo dejarías libre? David Berkowitz espera tu respuesta.

ARTE FORENSE

El libro *Manual del juez*, del doctor Hans Gross, publicado en 1892, es considerado la obra fundadora de la criminalística, a pesar de que algunos especialistas citan a *Il giudice criminalística*, de 1643, escrito por Antonio María Cospi, como el texto pionero. Esta disciplina es considerada una ciencia debido a que se basa en técnicas comprobables, pero también un arte, ya que requiere de la pericia y de la agudeza mental de quienes la ejercen, para así alcanzar el éxito en una investigación.

Sergio Sepúlveda

DENNIS NILSEN

Sábado 12 de mayo de 2018, la historia terminó para uno de los asesinos seriales que más morbo despertó en la opinión pública británica en los años ochenta del siglo XX. Dos días antes, el jueves 10 de mayo, el homicida reportó tener dolores abdominales y fue trasladado a un hospital, donde fue intervenido quirúrgicamente; sin embargo, su cuerpo no logró responder al procedimiento médico, y falleció. La autopsia ayudó a determinar que la causa de su deceso fue una embolia pulmonar y una hemorragia retroperitoneal. Un coágulo de sangre, la trombosis venosa profunda y una ruptura de aneurisma aórtica abdominal, fueron los tres mosqueteros que finalmente mandaron al infierno a Dennis Nilsen.

¿Qué fue lo que hizo este tipo para vivir sus últimos 34 años de vida en prisión? Abramos su expediente.

Necrófilo

Bienvenido al mundo

Antes de iniciar el recuento sangriento, debo advertir que, década tras década, *Jack el Destripador* aparece como el asesino en serie más famoso entre los archivos criminales ingleses, pero te aseguro que el historial de Jack es un libro de primaria ante las páginas que escribió Dennis Nilsen.

Fue el viernes 23 de noviembre de 1945 cuando Betty White dio a luz a un pequeño al que llamaría Dennis Andrew, y el apellido Nilsen se lo daría su esposo, un soldado noruego, llamado Olav Magnus Nilsen. Tres años antes, Betty y Olav se habían conocido al salir de una cafetería, se enamoraron y se unieron en matrimonio en 1942.

Dennis nació en Strichen, Aberdeenshire, Escocia. Llegó a un hogar cálido, con fuertes reglas basadas en la religión, donde el sexo era un tema prohibido y con un padre alcohólico del que se separó cuando tenía 4 años, debido al divorcio de sus progenitores. A esto se sumó la muerte de su abuelo, eventos que lo hicieron un niño tranquilo y reservado.

Cosas del amor

En 1975, Nilsen se mudó para compartir un departamento con su pareja, de nombre David Gallichan. Dennis ya se sabía homosexual. En la época cuando estuvo en el Ejército se enamoró de un colega, con el que mantenía una relación muy cercana, tanto, que un día lo convenció para filmarlo

GUARDIÁN DEL ORDEN

Con sólo 16 años, Dennis se alistó en el Ejército británico, donde se desempeñó como cocinero. Ahí estuvo más de 10 años, pero en 1972 se dio de baja y se unió a la escuela de entrenamiento de la policía metropolitana de Hendson. Después de cuatro meses de formación ingresó a la policía de Willesden; no obstante, renunció en el lapso de un año, pues se dio cuenta de que no sería miembro de las fuerzas del orden después de que no pudo arrestar a dos hombres, quienes se comportaban de manera indecente a bordo de un automóvil, es decir, no le faltaron fuerzas o valor, simplemente no estaba convencido de que hacía lo correcto. De ahí pasó a trabajar en una agencia de empleos.

Sergio Sepúlveda

de una manera extraña: su compañero se recostó y posó como si estuviera muerto. La relación no llegó a más porque su amigo no era gay, y terminaron por separarse. Para Nilsen fue un abandono doloroso más, primero su padre, luego su abuelo y después su primer amor fallido. Sin embargo, ya con 30 años, Dennis sintió que había encontrado a su media naranja, y se relacionó con David Gallichan, a quien de cariño le decía *Twinkle* (centelleo). Decidieron vivir juntos, y mientras Dennis trabajaba, David se hacía cargo del hogar.

Dos años después, en 1977, David se fue de la casa. Tal vez para Gallichan fue una relación más. Quizá la separación fue incómoda, pero necesaria, aunque para Dennis Nilsen representó otro abandono, un encuentro con una vieja conocida: la soledad.

Amantes muertos

Llegó 1978 y con él un disparo de salida para que Dennis Nilsen diera rienda suelta a sus bajas pasiones para ser un promiscuo frecuente, sobre todo, un promiscuo asesino. Dennis Nilsen visitó un pub (un típico bar británico), y después de compartir unos tragos, invitó al menor de edad Stephen Dean Holmes, de 14 años, a su departamento, donde durmieron juntos. A la mañana siguiente, el pánico de quedarse solo invadió a Dennis, así que tomó una corbata y aprovechó que el niño estaba dormido para asfixiarlo, no sólo eso, también lo ahogó en agua, después sacó el cadáver y lo colocó en una silla. Dennis, como hipnotizado, extasiado, veía las gotas de agua rodar por el cabello y la piel de su amante ocasional. ¿Cómo se deshizo del cuerpo? No lo hizo, al menos no durante varios meses, de hecho, un día después de quitarle la vida a su primera víctima, aseó el cadáver y practicó necrofilia. Más tarde lo escondió bajo unas tablas en su vivienda y con el paso del tiempo quemó los restos.

Así fue el primer eslabón de asesinatos que Dennis Nilsen encadenó. El primero de quince, todos con la misma estrategia y el mismo rito. Hombres estudiantes o indigentes a quienes conocía en la calle o en algún bar gay, como el Black Cap. Los invitaba a su casa para ofrecerles refugio, comida o seguir bebiendo. Los que accedían, dormían con él y, ya en la madrugada, Dennis Nilsen, dominado por un sopor y aterrado por sufrir su abandono, los ahogaba.

Pasando lista

Después del joven de 14 años, mató a un estudiante de Canadá, Kenneth Ockendon de 23 años, el lunes 3 de diciembre de 1979. Siguió Martyn Duffey, de 16, en mayo de 1980. El cuarto fue Billy Sutherland, de 26. El quinto, un prostituto de origen asiático. El sexto, tal vez, un irlandés. El séptimo, un hippie. El octavo ocupó poco lugar en su memoria. Al noveno y al décimo los mató la misma noche: dos jóvenes de Escocia. El onceavo fue un joven skinhead. El doceavo fue Malcolm Barlow, el jueves 18 de septiembre de 1980. El número

Sergio Sepúlveda

AGUA DE MUERTO

La pregunta sería: si tenía miedo a que lo dejaran, ¿por qué los mataba, si la muerte misma es un abandono? Porque Dennis era un psicópata y su soledad la capeaba con los cadáveres de sus víctimas, los cuales almacenaba debajo del piso de madera. Ellos estaban muertos, pero para Dennis ellos le hacían compañía. De vez en vez los bañaba, les hacía el amor y al final reutilizaba el agua para bañarse él. Un baño fresco con agua de muerto. ¿Y cómo disimuló el olor de los cadáveres? Cuando la pestilencia empezaba a salirse de control, los cortaba en pedacitos y los enterraba en su jardín. Un macabro cementerio particular para cualquiera de nosotros, pero Dennis declaró que así mantenía una comunión espiritual con cada una de sus víctimas.

13 fue John Howlet, a quien le quitó la vida en diciembre de 1981. El catorceavo se llamaba Graham Allen. Y al número 15 lo encontró en una calle y le ofreció una hamburguesa, después el joven lo acompañó a su domicilio, donde Nilsen lo asfixió; Stephen Sinclair era su nombre.

Coincidencia que el primer hombre asesinado por Nilsen se llamaba Stephen, igual que el último, la diferencia fue que a Sinclair lo desmembró, hirvió sus partes y después lo arrojó al inodoro.

Peste delatora

El cliché de cualquier investigador criminal reza que «no hay crimen perfecto» y, claro, hay mayor margen de error si matas a más de una docena de personas.

Algunas partes pequeñas de los cadáveres que descuartizaba iban a dar a las tuberías, donde se detenían y continuaban su proceso de descomposición. ¿Imaginas el olor? No sólo la pestilencia llamó la atención del vecindario, las tuberías ya no desaguaban del todo y, por lo mismo, los vecinos llamaron a un plomero. El señor Michael Cattran acudió a revisar y se encontró con una masa viscosa y fragmentos de lo que supuso eran trozos de carne humana. Cattran se retiró para reportar los hechos con sus superiores. Entonces, Dennis Nilsen se apresuró a limpiar la zona y cambió algunos de los restos humanos por trozos de pollo. Al día siguiente la policía no encontró la escena como la reportó el plomero, no obstante, algunas pequeñas evidencias marcaron una ruta hasta el domicilio de Nilsen.

Dennis no se resistió cuando los agentes llegaron por él. Incluso les dijo que había cuerpos en el jardín y debajo de algunas tablas. Fue detenido el miércoles 9 de febrero de 1983, después de cinco años de sangre.

El perturbado Nilsen fue interrogado más de diez veces para conocer las razones de sus actos y establecer el número exacto de víctimas. Uno de los investigadores, abusando de una inexplicable candidez, le preguntó si había cometido uno o dos asesinatos, a lo que Dennis contestó, orondo: «Fueron quince o dieciséis desde 1978».

El lunes 24 de octubre de 1983 inició el juicio en contra de Nilsen, quien se declaró inocente porque, según él, su propia conciencia ya lo había condenado de forma severa. Así, el juicio duró pocos días, y el viernes 4 de noviembre del mismo 1983, Dennis Nilsen fue condenado a cadena perpetua, sin posibilidad de libertad condicional antes de pasar 25 años. Cadena perpetua por seis asesinatos y dos intentos de homicidio fue lo que logró comprobar la fiscalía, aunque Nilsen aceptó las quince muertes y ocho intentos de homicidio.

Sin cordura

En una carta escrita por el mismo Nilsen, titulada *Notas de condición mental*, se aceptó como un psicópata creativo, argumentó que a él le hubiera gustado entender cómo fue que se convirtió, de la noche a la mañana, en asesino serial; además, aceptó que en momentos de arrepentimiento intentó revivir a algunas de sus víctimas, pero aseguró que, bajo el influjo del alcohol, el psicópata que se escondía en su personalidad se liberaba y lo dominaba.

Dennis Nilsen, un carnicero hambriento de compañía, un necrófilo dispuesto a enredarse con la putrefacción de su propia mente, un joven abandonado por la cordura.

NECROFILIA

El término «parafilia» deriva del griego *para*, «junto», y *filein*, «amar». Según el *Manual Diagnóstico y Estadístico de los Trastornos Mentales*, estos impulsos ocurren durante un periodo significativo (al menos 6 meses) e interfieren con el funcionamiento normal de la persona. La necrofilia va desde la excitación sexual con objetos de una persona muerta, hasta con sus cadáveres. Un caso extremo fue el de Kenneth Douglas, de Hamilton, Ohio, quien tuvo relaciones sexuales con más de cien cadáveres mientras trabajaba como auxiliar en la morgue.

Sergio Sepúlveda

DONATO BILANCIA

La palabra *revólver* proviene del inglés, y significa «dar vueltas», y define a un arma de fuego que lleva las balas cargadas (seis, por lo regular) en un tambor o cilindro. En 1814, Elisha Collier creó este artefacto, del cual se fabricaron algunas variantes, en 1819, para las fuerzas armadas británicas apostadas en India. En 1822 su producción se masificó.

Un revolver Smith & Wesson .38 llegó a las manos de un asesino serial que lo convirtió en su pistola favorita, su nombre: Donato Bilancia. Aquí estudiamos su expediente.

Monstruo de Liguria

Cama mojada

Este asesino nació el martes 10 de julio de 1951, en Potenza, una pequeña ciudad que apenas alcanza los 200 kilómetros cuadrados de superficie. Creció en el seno de una familia en crisis, como tantas de la época de la posguerra, con muchos problemas económicos y escasos lazos fraternales. Donato vivió sus primeros años entre mudanzas y maltratos. Sus padres movieron a la familia de Potenza a la región de Piamonte y, finalmente, a Génova, que pertenece a la región de Liguria. El pequeño Donato debió acumular muchos traumas, pues hasta los 12 años se orinaba en la cama y tenía que soportar los castigos y ridículos a los que su madre lo sometía, como cuando colocaba el colchón afuera del balcón para que los vecinos se enteraran de que su hijo se había meado en la noche.

En la adolescencia, como una forma de quitarse de encima lo que lo avergonzaba y lo molestaba de él, adoptó el nombre de Walter y, aunque reportan que fue panadero, cantinero, mecánico y mensajero, ninguno de esos oficios lo apartaron del negocio de la delincuencia. Aún siendo menor de edad, fue arrestado acusado de robar una motocicleta primero, y después un camión con mercancía navideña. De nada sirvieron esas aprehensiones, porque cuando la madera está apolillada, difícilmente se puede restaurar, y Bilancia, quizá sin saberlo o sin tener la intención, estaba en camino de convertirse en un monstruo, en el tristemente célebre *Monstruo de Liguria*.

PRIMER ENCIERRO

En 1974, Donato tenía 23 años y fue atrapado por la policía portando un arma de fuego, falta que lo llevó a prisión y a pasar por una institución psiquiátrica, pero escapó; no obstante, fue detenido de nuevo asaltando y en 1976 lo condenaron a pasar dos años en cárcel. ¿Sirvió de algo? No.

La mafia

En prisión, Donato conoció a otra familia que lo acogió: algunos integrantes de la Cosa Nostra, la mafia de origen siciliano, fueron sus compañeros y le pidieron que trabajara para ellos a cambio de ayudarlo a escapar, cosa que sucedió en poco tiempo. Ya en libertad, Donato siguió robando, bebiendo y aplicando los conocimientos de póker que adquirió al estar preso, así, Bilancia se convirtió en jugador empedernido.

En la década de los años ochenta, Donato Bilancia asaltaba para vivir y vivía para jugar; sin embargo, también los delincuentes sufren, y el dolor alcanzó a Donato en 1982, cuando su hermano se lanzó a las vías del tren, llevando de la mano a su sobrino, perdiendo la vida ambos. La cordura de Bilancia resultó muy lastimada con este evento. A su ludopatía, carrera delictiva y alcoholismo, se sumaron delirios que lo llevaron a estrellarse en un automóvil, accidente que le recetó una temporada de coma profundo.

Hierba mala nunca muere y Donato Bilancia, Walter, en el bajo mundo de los casinos y de las apuestas clandestinas, salió del hospital sano, en apariencia. Sería muy difícil decir que sólo el accidente, o el suicidio de su hermano, o su infancia, o la cárcel, fue el factor detonante para que Donato diera el siguiente paso y se convirtiera en asesino, lo correcto es pensar que todos estos pasajes despertaron de una vez por todas al asesino que se fue gestando en la cabeza de Bilancia; porque hay que resaltar que hasta lo que he contado, hasta su salida del hospital en 1990, hasta sus casi 40 años, Donato nunca había matado a nadie, era sólo un vulgar ladrón.

El despertar

Llegó 1997 y Donato necesitaba de una terapia psicológica que le diera paz, pero la que eligió fue derramar sangre para vengar todo lo que le había pasado desde niño. Así, el jueves 16 de octubre de 1997, Bilancia, con 46 años, cometió su primer asesinato. Su víctima respondía al nombre de Giorgio Centanaro, médico de profesión, jugador y bebedor; Bilancia lo asfixió con cinta adhesiva alrededor del cuello. ¿Por qué lo mató? En las primeras investigaciones, la policía ni siquiera dio con Donato como responsable, concluyeron que el galeno se suicidó. Fue hasta que arrestaron a Bilancia, años después, cuando el mismo homicida confesó que lo asesinó para vengarse por una ocasión en la que se burló de él en una mesa de juego. Como el sabueso, al que le basta un leve rastro para olfatear la ruta, Donato encontró el camino para sentirse bien robando y matando, como nunca lo había experimentado.

Viernes 24 de octubre de 1997. Donato se dirigió al domicilio de Maurizio Parenti y Carla Scotto, quienes habían regresado de su luna de miel. El cuarto piso de un edificio que pintaba para ser el nido de amor de la pareja terminó en un escenario sangriento. Donato había conocido a Maurizio en un casino y estaba convencido de que Centanaro, su primera víctima, y Parenti le habían hecho trampa, por eso lo haría pagar. Bilancia esperó a que llegara la pareja a su hogar y los abordó para subir con ellos, amenazándolos con el Smith & Wesson .38. Al entrar al departamento fueron al dormitorio para que le abrieran la caja fuerte, después esposó al marido para dispararle sin misericordia y luego a la mujer, quien atestiguó todo. Donato salió con una colección de relojes que tiró en la calle porque en realidad él sólo deseaba matarlos y el robo era para despistar.

Disparando y huyendo

Lunes 27 de octubre, sólo tres días después, Donato Bilancia fue hasta la casa de Bruno Solari y Maria Luigia Pitto, dedicados al negocio de la joyería, llamó a la puerta y entró con violencia; al ver la pistola, María comenzó a gritar. Donato quiso terminar rápido y disparó a Bruno, de 65 años, una bala que le entró por la oreja derecha. Por otro lado, María, de 71, no pudo ser muy ágil cuando corrió hacia la puerta y dos balas la alcanzaron por la espalda. Donato escapó con algo de dinero y joyas, mientras que la sirvienta fue la única sobreviviente del asalto.

Jueves 13 de noviembre: continúa la cacería. Por varias noches Donato había espiado, sentado en un jardín, a Luciano Marro, un cambiador de dinero que todas las noches salía de su casa, a veces acompañado de un hombre y un perro; pero la noche en la que fue atacado, Luciano salió a tirar la basura y Bilancia aprovechó esa distracción para amagarlo y entrar con él a su propiedad, acto seguido, le robó 45 millones de liras, y finalmente le disparó. Donato salió y sólo se cruzó con una mujer que no sospechó que su vecino acababa de ser ultimado por el *Monstruo de Liguria*.

Como lo comenté líneas arriba, Donato fingía robos para vengarse y, en ocasiones mantenía con él lo que se llevaba, como lo hizo con el asalto al cambiador de dinero, pero su siguiente víctima fue otra vez un intento de aliviar su odio contra un viejo guardia. Así, el domingo 25 de enero de 1998, fue a un edificio y esperó a que saliera de un ascensor Giangorgio Canu, un humilde vigilante nocturno, a quien le ordenó: «Quédate quieto y dame tu billetera», luego de obtenerla la tiró sin ver si tenía dinero, después se cubrió la cabeza con su chaqueta y disparó. Tiempo después, cuando le preguntaron en la corte por qué había elegido a Giangorgio, el asesino respondió que no lo conocía, que lo eligió al azar y que lo hizo para vengarse porque siendo jovencito un vigilante nocturno lo lastimó cuando intentaba escapar del asalto a un departamento. El guardia le había disparado en una pierna y terminó él detenido.

Nuevo placer

Pasaron poco más de 30 días y Donato no asesinó a nadie, pero después de esa pausa, el *Monstruo de Liguria* tiñó marzo de rojo, con la sangre de sexoservidoras.

Lunes 9 de marzo de 1998, Donato eligió a una prostituta de 25 años originaria de Albania; después de estar con ella estacionó su auto al lado de una pared, de tal forma que la chica no podía abrir la portezuela. Bilancia le ordenó salir del coche por el lado del conductor, completamente desnuda; la joven obedeció y, cuando estuvo fuera del vehículo Donato le ordenó que se colocara viendo el mar, cuando la mujer lo hizo, Bilancia le disparó en la nuca. Se llamaba Stela Truya, quien desnuda frente al mar dejó que su última mirada se perdiera en el agua, al igual que la bala que la mató, porque cuando encontraron su cuerpo la policía determinó que el proyectil que la había traspasado seguro se había perdido en el océano.

Miércoles 18 de marzo, la ucraniana Ljudmyla Zubskova terminó de practicarle sexo oral a Donato a bordo de su auto, el cual estacionó en la parte trasera de un hospital donde no había mucho tránsito de personas; de pronto, Donato le ordenó descender del coche amenazándola con su arma; la joven de Ucrania, de 23 años, no se opuso, ni siquiera exigió el pago por su servicio, y ya fuera del automóvil Bilancia le disparó en la nuca, de arriba hacia abajo.

Martes 24 de marzo, Donato no sabría hasta un mes y medio después que ese día cometería el error que al final lo llevaría a ser detenido. Bilancia contrató los servicios sexuales de Julio Castro, un transexual que se hacía llamar Lorena; ambos estaban a bordo del auto de Donato estacionado dentro de una residencia, y a unos guardias que pasaron por ahí se les hizo sospechosa la situación y se acercaron al coche; entonces, Donato bajó del carro y les disparó. Los dos oficiales, Massimiliano Garillo y Candido Randò, murieron. Enseguida Donato Bilancia se dirigió hacia Lorena y le metió un balazo. Ella fingió estar muerta y Donato se fue. El homicida no imaginó que Lorena, no sólo sobrevivió, también recordaría las características del Mercedes-Benz de color negro y las placas de circulación. El *Monstruo* había dejado el rastro más importante para llegar a él.

Principio del fin

Domingo 29 de marzo, Donato usó el mismo *modus operandi* para acabar con la vida de Tessy Adobo, una prostituta de Nigeria. Estacionó su vehículo bloqueando la puerta del copiloto, bajó a Tessy por el lado de quien maneja para dispararle tres balas en la nuca.

Domingo 12 de abril. El *Monstruo Bilancia* consumó lo que fue llamado el Crimen de Pascua contra otra mujer. Donato iba a bordo de un tren que se dirigía a Milán y ahí encontró

UN *PEQUEÑO* TRAUMA

Hasta aquí los crímenes motivados por una necesidad de revancha con la autoridad y la vida en general, pero Donato tenía otro pendiente: las mujeres, que lo habían rechazado aparentemente porque su pene era muy pequeño. Incluso, en su pubertad sufrió las burlas de una tía a la que le gustaba exhibirlo ante sus primos por el mismo tema, y le bajaba los calzones para que los demás miraran que tenía un miembro más chico del promedio.

la oportunidad para llevar al baño a Elisabetta Zoppetti, una enfermera de 32 años, quien murió de un disparo en la nuca. Nadie escuchó la detonación porque Donato usó la chaqueta de la víctima como silenciador. Cuando la policía encontró el cuerpo pensó que Elisabetta había fallecido por una sobredosis, ya que era frecuente que los adictos se drogaran en los inodoros, no obstante, el orificio les mostró que de nuevo una bala calibre .38 sirvió para ejecutarla.

La alerta se emitió, tarde, pero se difundió que un asesino serial azotaba Liguria y que sus blancos eran mujeres. Los medios de comunicación le dieron seguimiento a la serie de homicidios perpetrados y advertían a la población de la región de Liguria, y a Génova, principalmente; no obstante,

Sergio Sepúlveda

Donato Bilancia estaba fuera de control y, retando a su propio destino, el martes 14 de abril asesinó a Kristina Valla, otra prostituta, y tan sólo cuatro días después, el sábado 18 de abril, ejecutó en un tren a la joven llamada María Ángela Rubino, y aderezó su crimen masturbándose con el cadáver de esta mujer.

Martes 21 de abril. Donato Bilancia se acercó a una estación de gasolina. Más que cargar combustible necesitaba reabastecer su bolsillo y, con sangre fría, robó y mató al despachador Giuseppe Mileto. Sin embargo, era cuestión de días para encontrar el Mercedes negro. Cuando la policía dio con el coche, no detuvieron de inmediato a Donato, pues la investigación debía seguir con cautela para no dejar ningún cabo suelto. Los investigadores siguieron los pasos de Bilancia hasta que en una ocasión se metió a un bar, ahí ordenó un café sin darse cuenta de que las dos personas que estaban a su lado eran agentes encubiertos. Bilancia terminó el café y se retiró. Los policías confiscaron la taza para analizar la saliva de Donato y, mediante estudios de ADN, corroboraron que él era el asesino de prostitutas, el asesino del tren, el responsable del Crimen de Pascua, el sanguinario que arrodillaba a sus víctimas y les disparaba con una Smith & Wesson .38 en la nuca. Ya lo habían encontrado, sólo faltaba arrestar al *Monstruo de Liguria*. Y así fue.

Atrapado

El miércoles 6 de mayo los agentes visitaron a Donato Bilancia en su domicilio y él no opuso resistencia, no disparó ninguna de las 50 balas que tenía para su Smith & Wesson negra. Cuando lo interrogaron, simplemente dijo: «Sí, he sido yo. Maté porque soy un enfermo y exijo tratamiento».

Siete horas duró su interrogatorio, en el que aceptó ser el autor de 17 homicidios y algunos más, aceptó ser un asesino en solitario y reiteró que necesitaba terapia psiquiátrica. Además de su declaración, el semen encontrado en las prostitutas asesinadas encajó con su ADN.

¿Cuántos años o qué condena le darías al *Monstruo de Liguria* si fueras juez? Sólo te digo que la pena de muerte no existe en Italia.

El 12 de abril del año 2000, la corte suprema de Génova condenó a Bilancia a 14 cadenas perpetuas por los homicidios y a 14 años más por el intento de asesinato de Lorena, el transexual que engañó al ludópata, alcohólico, ladrón, pervertido y asesino serial, al *Monstruo de Liguria*.

SMITH & WESSON

En 1852, Horace Smith y Daniel B. Wesson se asociaron para iniciar un taller de armas, en Connecticut, Estados Unidos, lo cual los llevó a tener un gran negocio y una marca sólida mundialmente conocida como Smith & Wesson, teniendo como estandartes distintos modelos de revólveres. Entre todos ellos, el Smith & Wesson .38, o .38 Especial, es el más famoso, en gran parte por ser utilizado durante muchos años por las corporaciones policiacas. Se calcula que, hasta el año 2008, esta compañía había fabricado seis millones de unidades de ese revolver.

ED GEIN

La película *Psicosis* (1960), dirigida por el amo del suspenso, Alfred Hitchcock, renovó el género del terror. El público de la época ya estaba cansado de las películas de monstruos, vampiros, momias, hombres lobo, criaturas gigantes o de sangre por todos lados. Hitchcock excavó en los horrores humanos, en el lado enfermo de cualquier individuo, y utilizó el amor obsesivo hacia una madre para darle vida a Norman Bates, un hombre que mantenía a su lado el cadáver de su mamá.

Psicosis también regaló una de las escenas más memorables, tanto, que podrías no recordar los detalles de la película, o incluso no haberla visto, pero la secuencia en la que la protagonista muere asesinada al tomar una ducha, forma parte del vasto tesoro de la cultura popular. Sólo 45 segundos dura la mítica escena de cuchilladas, acentuadas con música de violines, pero trascendió por encima del nombre de la actriz: Janet Leigh.

A más de 50 años de la obra maestra de Hitchcock, algo más escalofriante que el actuar de Norman Bates, es que su desorden mental está basado en una persona real: el asesino Ed Gein. Revisemos el expediente del llamado *Carnicero de Plainfield,* a quien bien podríamos imaginar no con hojas de papel, sino con folios hechos de piel humana.

Carnicero de Plainfield

Castración maternal

Edward Theodore Gein nació en Wisconsin, Estados Unidos, el lunes 27 de agosto de 1906. Sus padres eran George Gein y Augusta Wilhelmine, y también tenía un hermano mayor que fue registrado como Henry George Gein. El papá de Ed era alcohólico, enfermedad que lo dominaba haciéndolo perder la compostura y sus empleos; esta fue la razón principal por la que la señora Augusta tomó el control de su casa, despreciando a su marido y educando de manera religiosa y estricta a sus hijos. Tan rígida era, que los niños Gein no podían hacer amigos ni acudir a ningún lado que no fuera la escuela.

Ed Gein padeció la educación de su madre; el control que tenía sobre él lo convirtió en un niño tímido, blanco perfecto para las burlas de sus compañeros de clase, que lo llamaban raro. ¿Cómo no serlo cuando su madre, temerosa de que en cualquier momento llegara el Apocalipsis, lo obliga a leer diario la Biblia? ¿Cómo no crecer con una distorsión de la realidad, si tu mamá te dice que las mujeres son demonios con la misión de tentar a los hombres, prostitutas del diablo? Por eso ella sólo había tenido relaciones con su marido, y solamente para engendrar a Henry y a Ed Gein.

En ese entorno, el niño Ed Gein pronto abandonó la escuela, apenas terminó la instrucción básica y comenzó a trabajar, junto con su hermano, en la granja de sus padres, además de realizar mandados para sus vecinos. ¿Cómo era la relación entre los hermanos Gein? Buena, hasta cierto punto.

EDIPO

Henry era mayor que Ed, por lo mismo, empezó a cuestionar las órdenes de su madre y eso tensaba a Ed quien, sin saberlo o sin aceptarlo, había comenzado a desarrollar una relación de amor enfermizo hacia su mamá, un complejo de Edipo, una amenaza con tintes de incesto e incluso una complicidad para acabar con la vida de alguien. Y es que la madre de Ed Gein odiaba a su esposo, pero como su religión no le permitía divorciarse, obligaba a sus hijos a rezar con toda la fe y maldad posibles para pedirle a Dios que su marido falleciera, tal como ocurrió en 1940, tras un infarto.

Gestando a un asesino

Augusta era tan dominante, que no entendía de sutilezas a la hora de reprender a sus retoños. Los registros indican que en una ocasión Ed cedió al efecto de sus hormonas y estaba masturbándose cuando su madre lo sorprendió: la señora, enfurecida, lo corrigió aventándole agua hirviendo. ¿Y cómo trataba a Henry? ¿Tenía alguna preferencia por alguno de sus hijos? El trato era igual, parejo, pero tenía mayor afinidad con Ed, porque lo podía manipular mejor; además, mientras estaba embarazada de él, Augusta rezó durante toda la gestación para que naciera una niña que le ayudara con las labores del hogar, pero Dios no se lo concedió, no obstante, a Ed le cargaba la mano con las tareas domésticas.

Llegó el martes 16 de mayo de 1944, cuatro años después de la muerte del padre de Ed, y un incendio acabó con gran parte de la propiedad de la familia Gein. Las llamas comenzaron en el campo, pero se acercaron demasiado a la casa; por fortuna los bomberos controlaron el fuego y parecía que sólo había pérdidas materiales. Sin embargo, cuando buscaron a Henry, quien también ayudó a mitigar el incendio, éste fue hallado muerto. Pero lean lo siguiente: Henry no murió por asfixia o quemaduras, lo encontraron tirado con la cabeza contra el suelo, en una zona no calcinada, y con golpes en el cráneo, como si alguien lo hubiera atacado por la espalda. ¿Quién mató a Henry Gein? ¿Su madre, quien le dio la vida? ¿Su hermano menor quien aparentemente lo amaba? ¿Habrá sido el primer crimen de Ed Gein? Nunca se supo, nadie investigó a fondo.

Con la muerte de Henry, Augusta y Ed vivían el uno para el otro. Ella era fanática luterana, pero los que creen en el budismo podrían decir que el karma alcanzó de forma negativa a esta mujer, quien meses después del fallecimiento de su hijo mayor, sufrió una apoplejía que la dejó paralizada. Con estos eventos, Ed, que ya tenía 39 años, se quedó al frente de la casa cuidando la propiedad y a su madre, quien después fue diagnosticada con cáncer. Sin poder moverse, la única muestra de cariño de Augusta hacia su hijo era permitirle dormir a su lado, hasta que murió el sábado 29 de diciembre de 1945.

Imaginen la situación de Ed Gein. Su mundo se limitaba a su casa, jamás hizo amigos, su madre siempre le prohibió relacionarse con alguna mujer y, en sólo cinco años, perdió sus lazos familiares, se quedó en la orfandad, se quedó solo ante el arbitrio de sus pensamientos, solo y, por primera vez, con toda la autoridad para hacer con su vida lo que le diera la gana. Claro, siempre que la voz fantasmal de su madre lo dejara.

Cualquiera podría pensar que la muerte de su mamá le vendría bien a Ed, por fin era libre, pero el daño en su formación ya estaba hecho. Ed Gein era devoto de Augusta, entonces, cuando ella murió, él decidió mantener intacta su habitación, congeló el tiempo en ese espacio. Tampoco se puso a trabajar, al menos no de tiempo completo, no tenía la necesidad porque sus tierras quemadas ingresaron en un programa del gobierno que le pagaba a Gein mientras no se pudieran sembrar.

Profanador

Entonces, el ocio, padre y madre de todos los vicios, le hizo compañía a un Ed Gein obsesionado con el cuerpo femenino que jamás había conocido en la vida real, tan sólo en revistas pornográficas y libros de anatomía que empezó coleccionar. Los pensamientos sucios de Ed Gein estaban ingobernables, ya no había una madre que pudiera reprimirlos. Todos ellos apuntaban a tocar, sentir, explorar y apropiarse de cuerpos de mujeres.

¿Cómo y por dónde empezaría, si la única referencia femenina era su madre, quien le advirtió que todas las mujeres eran prostitutas del diablo? ¿Cómo podría establecer contacto con alguien del sexo opuesto, si toda la vida fue censurada su capacidad de socializar?

Ed Gein hizo lo que sólo una persona desquiciada podría: profanar tumbas para exhumar los cadáveres de mujeres maduras que le hicieran compañía o que lo ayudaran a vestir su verdadera personalidad. En esto no estuvo solo, le pidió ayuda a un amigo de nombre Gus, y así empezó la macabra travesura.

En el cementerio, no elegía a cualquier mujer, revisaba las inscripciones en las lápidas para estar seguro de que el cuerpo perteneció en vida a una señora mayor que le recordara a su madre. Así, a lo largo de diez años, Ed Gein se dedicó a robar cadáveres, enteros, o sólo partes de ellos. Los llevaba a su granja, donde los desmembraba y coleccionaba la piel y los huesos.

Primera sangre

Llegó un momento en el que Ed Gein decidió ir más allá, en solitario, porque a su amigo y cómplice Gus lo encerraron en un manicomio en 1950. Ya no tomaría los cuerpos de mujeres muertas, buscaría mujeres vivas.

Su primera víctima fue Mary Hogan, una mujer que llegó a Plainfield proveniente de Dallas buscando reconstruir su vida después de dos divorcios. Era corpulenta, de mal carácter, sin pelos en la lengua. Con esas características no le

VESTIDO MACABRO

¿Qué haría con tantos metros de piel muerta? ¿Diseñarse un atuendo femenino a la medida? ¿Cubrir su propia piel con la carne de la mujer que le hubiera gustado ser? ¿Hacerse un disfraz con la imagen de su madre, como quien no quiere dejar escapar la presencia de alguien? Sí, las tres preguntas anteriores tienen respuesta afirmativa.

costaba trabajo atender la barra de un bar, donde apuraba y ponía en su lugar a los clientes que bebían de más.

El miércoles 8 de diciembre de 1954, cerca de las cuatro de la tarde, Mary Hogan iba a cerrar el bar, pero permitió la entrada a un hombre que se había convertido en cliente frecuente las últimas semanas. El hombre era Ed Gein, quien ordenó un café, el cual no bebería del todo porque tomó valor y disparó contra Mary.

Minutos más tarde, un granjero llamado Seymour Lester entró al local para comprar un helado y lo encontró sin ningún cliente, pero con un charco de sangre que se desvanecía en una ruta desde la barra hasta el estacionamiento. En el lugar quedó frío el café y en el patio con nieve las marcas dejadas por un auto.

Sergio Sepúlveda

En Plainfield no había desapariciones, mucho menos asesinatos, entonces, causó mucho interés la desaparición de Mary Hogan y la sospecha de que alguien la había matado. Todo pasó de boca en boca. El alguacil, con pocos recursos y nula experiencia, intentó elaborar una investigación basada en suposiciones y rumores: «A Mary Hogan la mató uno de sus exesposos», «La secuestró la mafia», éstos y otros cuchicheos no ayudaron para esclarecer el caso y el expediente se quedó abierto.

Elmo Ueeck era el dueño de un aserradero en Plainfield y había notado que el extraño Ed Gein no le quitaba los ojos de encima a Mary Hogan cuando iba al bar. Entonces, más por molestarlo que por sospechar de él, en una ocasión le comentó que si él (Gein) le hubiera hecho una propuesta amorosa a Mary, ella no habría desaparecido. Ed contestó: «No desapareció, está en mi granja». Ueeck no lo tomó en serio.

Cacería

Pasaron tres años. El viernes 15 de noviembre de 1957, Ed Gein entró a una ferretería para comprar un galón de líquido anticongelante. La dueña del local, Bernice Worden, apuntó la orden del cliente, quien le dijo que regresaría al siguiente día por el pedido.

El sábado 16 de noviembre por la tarde, muchos hombres regresaban del bosque después de haber abierto la temporada de caza, volvían con trofeos de sangre, con los cuerpos inertes de ciervos; los cazadores advirtieron que Bernice Worden no abrió la ferretería, algo extraño; su hijo pensó lo mismo y fue al local donde se encontró con otro charco de sangre. El joven pidió ayuda al alguacil, quien ahora sí tuvo una pista más clara: la última nota de venta tenía el nombre de Ed Gein. Otra cacería comenzaba.

Curtidor de cariño

La policía se dirigió al domicilio de Ed Gein y lo que encontraron fue la inspiración del escritor Robert Bloch para desarrollar su novela de suspenso *Psycho* (1959).

En la granja de Ed Gein no había luz, entonces la policía echó mano de sus linternas para descubrir la escena de terror más sórdida, desagradable y repugnante que nunca imaginaron ver. El cuerpo abierto, ya sin vísceras, de Bernice Worden, estaba colgado en un cobertizo adornando el lugar con las piernas abiertas, rajado desde la vulva hasta el cuello; su corazón estaba a un lado de la estufa y su cabeza en una bolsa.

Ese primer hallazgo fue la bienvenida a una morbosa decoración de la propiedad de Ed Gein, a quien detuvieron mientras cenaba en casa de uno de los pocos amigos que tenía.

Taxidermista

En el sitio había, entre otras cosas, basura acumulada por más de diez años, objetos elaborados con partes humanas, como recipientes con las bases de cráneos, muebles tapizados con piel humana, la pantalla de una lámpara hecha con trozos de rostros, un collar hecho de labios, un cinturón de pezones, un corsé que tenía como molde un torso humano, un chaleco elaborado con labios vaginales y senos, cuatro narices, pantalones de piel humana y varias máscaras del mismo material. Así fue como encontraron en una bolsa la cabeza de Bernice, y en una caja estaba la testa de Mary Hogan.

Faltaba revisar la planta de arriba. La policía llegó a una habitación cerrada, pero ingresaron y encontraron un cuarto ordenado y limpio, con la cama arreglada y una Biblia en una mesita.

¿Qué dijo Ed Gein al ser descubierto y detenido? Nada, al principio absolutamente nada, guardó silencio por más de un día, hasta que los policías ordenaron que lo llevaran ante el cadáver de la dueña de la ferretería. Tal vez por no querer enfrentarse con su obra macabra, con los ojos de extraños puestos en él, Ed empezó hablar, pero antes solicitó una tarta de manzana con queso.

Ed Gein se declaró culpable de las muertes de Mary Hogan y Bernice Worden, pero de nadie más, aunque los vecinos sospechaban que al menos había matado a una decena de personas. Cuando le preguntaron sobre la cantidad de restos humanos que estaban en su domicilio, Ed Gein confesó que los había robado del cementerio. Su *modus operandi* consistía en leer los obituarios para enterarse del lugar donde sería enterrada una mujer y la noche del mismo día del entierro, la sacaba de su tumba; si podía o necesitaba todo el cuerpo, se lo llevaba completo, si no, cortaba en el mismo ataúd la extremidad que buscaba. Realizó al menos 40 viajes al camposanto.

Turismo morboso

El lunes 6 de enero de 1958 el juez lo declaró enfermo mental, incapaz de enfrentar un juicio y ordenó que lo internaran en un hospital psiquiátrico. Sin embargo, su caso fue divulgado por decenas de reporteros que encontraron una gran historia para vender diarios, lo cual llevó turistas curiosos al hasta entonces tranquilo Plainfield, causando molestia a los habitantes.

Se anunció que el domingo 30 de marzo del mismo 1958 se realizaría una subasta en la propiedad de Ed Gein, su granja y los muebles que no fueron confiscados o destruidos por la policía serían puestos al mejor postor, pero eso no sucedió. Al amanecer, la granja de Ed Gein se quemó; alguien decidió terminar con el espectáculo y con el turismo morboso.

Con el incendio, sólo quedó la camioneta en la que Ed transportaba los cadáveres, vehículo que fue comprado por un empresario que decidió mancharlo con pintura roja, como si fuera un rastro de sangre. El vehículo era exhibido en ferias y las personas pagaban 25 centavos de dólar por entrar a verla y tocarla.

HOMENAJE A UNA MADRE

¿Tuvo relaciones sexuales con los cadáveres?
No, porque olían mal.

¿Los tragó? No.

¿Qué más hacía con los cuerpos, cómo usaba los genitales de las difuntas? Si no los bordaba, gozaba al colocarlos encima de él.

¿Por qué lo hacía? Por sentirse mujer, por llenar el vacío que le dejó la muerte de su madre, porque sólo así se atrevía a tocar a una mujer; cualquier hipótesis cabía en el expediente de Ed Gein, quien fue diagnosticado esquizofrénico, preso de alucinaciones.

El dormir injusto

Mientras tanto, Ed Gein vivía tranquilo en el hospital; era un interno bien portado. Diez años transcurrieron, y en 1968 los médicos autorizaron que fuera llevado a un juicio, en el cual, por costos, sólo se le juzgaría por la muerte de Bernice Worden, aunque Gein aceptó haber asesinado también a Mary Hogan.

Hay que resaltar que Ed Gein dijo que mató a Bernice de manera accidental cuando intentaba cargar un cartucho en un rifle, y que no recordaba nada más de aquel día. El juicio empezó el jueves 7 de noviembre y, una semana después, el jueves 14 de noviembre, un primer veredicto lo declaró culpable, no obstante, después de escuchar los testimonios de los médicos, el juez cambió su decisión: para él, Ed Gein era «no culpable» por estar trastornado y lo envió a un hospital siquiátrico de por vida.

El jueves 26 de julio de 1984, Ed Gein murió de un paro cardiaco a los 77 años, pero no fue premiado con la muerte de los justos, porque enfermó de cáncer de pulmón. Su cuerpo fue enterrado en el cementerio de Plainfield, al lado de su madre, hermano y padre.

Murió el asesino, el niño manipulado, el enfermo que deseaba hacer un museo del horror con los restos humanos recolectados, el hombre que hablaba con su madre muerta y que buscó recuperar su compañía, aunque tuviera que irse al infierno por eso.

PSICOSIS, LA PELÍCULA

En 1960, llegó a las salas de cine de todo el mundo uno de los filmes más célebres del llamado *Maestro del suspenso*: Alfred Hitchcock. La historia de un asesino serial, obsesionado por el recuerdo de su madre, aterrorizó al planeta entero por estar basada en la novela homónima que Robert Bloch fundamentó en un caso de la vida real: el de Ed Gein. Para que nadie descubriera el desenlace antes del estreno, Hitchcock le encargó a su agente, Peggy Robertson, que comprara todos los ejemplares disponibles del libro.

EDMUND KEMPER

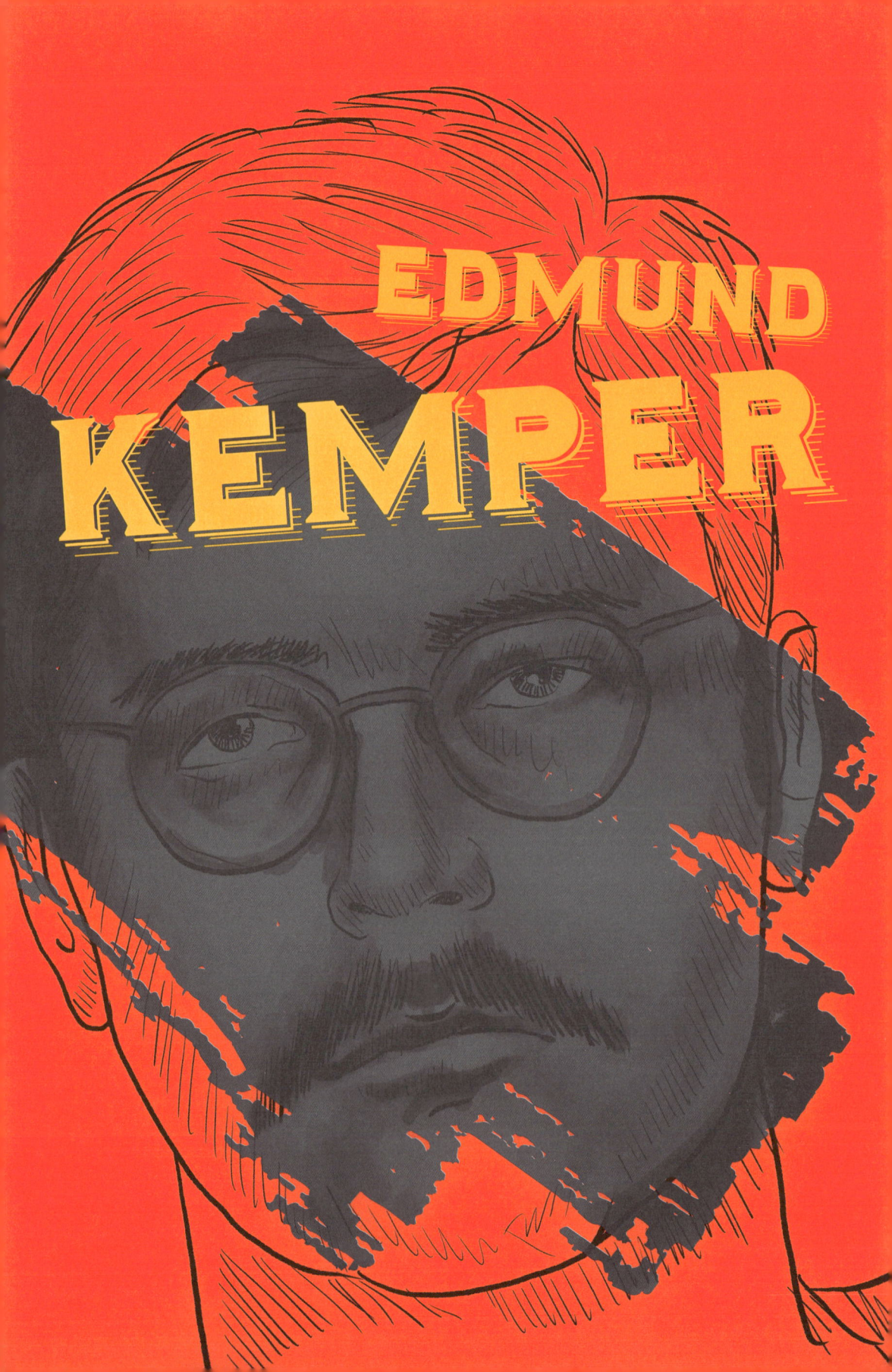

Viernes 20 de abril de 1973, era Viernes Santo para los católicos que, como cada año, recordaban el dolor de la crucifixión de Jesús. Un día de guardar, pero no para todos. Esa fecha por la noche, un hombre joven, de 24 años, decidió terminar, de una manera salvaje, con la vida de su madre; la golpeó con todo el odio almacenado por años, la mutiló como quien está urgido por cortar cualquier lazo con ella, y humilló su cadáver como última gran venganza. Después dejó una nota para la policía y escapó con el deseo de que lo atraparan de una vez por todas. Como no le hicieron caso, telefoneó a los oficiales y logró convencerlos de que él era el tipo que estaban buscando. Después fue condenado a cadena perpetua en una prisión de Vacaville, California, Estados Unidos.

¿Cuáles fueron las razones para asesinar a su madre? Y no sólo eso, ¿por qué mató a sus abuelos? Hay más, ¿Por qué fue llamado el *Asesino de colegialas*? Abramos el expediente de Edmund Kemper.

Asesino de colegialas

Linaje

Edmund Emil Kemper III nació el sábado 18 de diciembre de 1948 en la ciudad de Burbank, California; de recién nacido pesó 6 kilogramos, característica que pronosticó el tamaño que alcanzaría de adulto: 2.6 metros de estatura.

Lo llamaron Edmund III porque de igual forma se llamó su abuelo y su padre, este último un veterano de la Segunda Guerra Mundial que estaba orgulloso de haber trabajado, después, haciendo pruebas de armas nucleares con el ejército de Estados Unidos.

La madre de Edmund III fue Clarnell Elizabeth Kemper, la mujer que le dio la vida y al mismo tiempo originó todos sus males. Clarnell enfermó de alcoholismo y todo el tiempo actuaba con rabia, incluso su esposo decía que participar en misiones suicidas en la guerra era un juego de niños comparado con vivir con ella. El comportamiento de Clarnell provocó la separación del matrimonio, evento que afectó a Edmund III porque era muy cercano a su padre y el divorcio hizo que se quedara solo con sus hermanas, a merced del maltrato de su mamá.

No es que Clarnell fuera estricta con su hijo Edmund: era una madre cruel. Nunca le hacía mimos porque decía que lo volvería homosexual; de manera constante lo humillaba y descargaba en el niño el resentimiento que tenía hacia su exmarido, le decía que al verlo le recordaba a su padre, que eran iguales y por eso jamás conseguiría una mujer que lo amara; además, era común que lo encerrara bajo llave en el sótano, según Clarnell, para evitar que le hiciera daño a Susan, su hermana mayor, y a Allyn, su hermana menor.

GENIO DEL MAL

Edmund Kemper estaba condenado al desprecio de su madre, sin importar que el muchacho fuera muy inteligente, con un cociente intelectual (CI) de 136 puntos, es decir, Edmund Kemper, desde joven, era un hombre dotado si tomamos en cuenta que la inteligencia media oscila entre los 90 y 110 puntos de CI.

Locuras de juventud

Pero el abandono paterno y los maltratos maternos empezaron a herir la personalidad del niño. Edmund Kemper comenzó a presentar un comportamiento fuera de lo normal. A los 10 años, tomó a un gato que tenían como mascota y lo sepultó vivo, cuando desenterró al felino, ya muerto, le cortó la cabeza, misma que terminó por clavar en un palo. Ese minino de la familia no fue el único en ser asesinado por Edmund; en la pubertad, cuando tenía 13 años, mató a otro gato que vivía con ellos, porque sentía que el animal prefería a su hermana Allyn más que a él, entonces acabó con su vida y escondió su cuerpo en su clóset un tiempo, hasta que la madre descubrió lo que había hecho.

¿Qué más hacía Edmund Kemper?

¿Recuerdas a Merlina, la hija de Homero en la serie *Los locos Addams* (1964)? ¿Te acuerdas de que a Merlina le gustaba decapitar a sus muñecas? Bien, antes de que lo hiciera ese personaje, lo hacía Edmund Kemper. A él le gustaba jugar a simular rituales donde las víctimas eran las muñecas de su hermana menor, las cuales terminaban decapitadas y con las manos cortadas.

¿Qué otras travesuras o juegos oscuros disfrutaba Edmund Kemper? Le gustaba que su hermana Allyn lo atara para que él actuara como si fuera un condenado a morir en la cámara de gas o en la silla eléctrica. Digamos que jugaba a tentar a su destino.

Papá

Edmund Kemper odiaba vivir con su madre y le hacía falta el cobijo de su papá, así que un día se fue de la casa para buscar a su padre, quien vivía en otra ciudad de California. Es muy probable que Edmund llevara en su corazón la esperanza de que su progenitor lo rescatara en muchos sentidos. Era un adolescente de 15 años que más que nunca necesitaba la orientación de una figura paterna. Edmund lo halló, pero se llevó una sorpresa: su padre ya se había casado de nuevo, y no sólo eso, tenía otro hijo.

Edmund fue recibido en la casa de la nueva familia de su progenitor, pero sólo por un tiempo. Su papá prefirió enviarlo a vivir a casa de los abuelos, y esa decisión fue la gota que derramó el vaso en la psique del joven. Edmund fue rechazado por su padre quien, sin suponerlo, lo puso en el borde, a punto de lanzarse hacia el centro de una espiral de violencia. Edmund Kemper III no era feliz; alguna vez dijo que su abuelo era demasiado anciano y que su abuela era controladora, tan castrante como su madre.

Mamá traidora

¿Qué hizo el joven inmaduro de 15 años después de que en minutos se convirtió en un doble homicida? ¿Escapó? No. ¿Pensó en suicidarse? Tampoco. Edmund Kemper III llamó a la persona a la que más desprecio le tenía: a su madre. Ella le contestó que no se moviera del lugar, luego, dio aviso a la policía, de que llegó a la casa de los abuelos y detuvo al chamaco.

Durante su primer interrogatorio le preguntaron qué razones tuvo para matarlos y Edmund Kemper simplemente contestó: «Sólo quería saber qué se sentía asesinar a la abuela». Con su edad y con tal condición mental, Edmund Kemper fue internado en un hospital para ser tratado. En ese lugar estuvo hasta que cumplió 21 años.

Paz antes de la tormenta

En los seis años que estuvo en el hospital fue un prisionero modelo, los psiquiatras no encontraron un desorden importante en él, sí registraron que presentaba un trastorno pasivo-agresivo, pero su inteligencia y comportamiento lo llevaron a ser un consentido del lugar. No olvides, querido lector, que se apuntó al principio del capítulo que Edmund Kemper tenía un cociente intelectual de 136 puntos, no obstante, en un test que le realizaron mientras estaba recluido, alcanzó los 145 puntos. Demasiada inteligencia para estar encerrado. Demasiada astucia para engañar a los especialistas que lo trataban.

Edmund hizo tantos méritos en el hospital, que se ganó la confianza de psicólogos y psiquiatras, quienes incluso lo prepararon para aplicar algunos cuestionarios y exámenes a presos que llegaban. Así, llegó el jueves 18 de diciembre de 1969 y Edmund Kemper recibió de regalo de cumpleaños número 21: su libertad. Aunque hubo opiniones encontradas entre autoridades y psiquiatras, lo liberaron. Salió aparentemente sano y feliz, con una estatura de 206 centímetros y poco más de 135 kilos.

¿A dónde fue a vivir Edmund Kemper? Con su madre. La tormenta llegaría tarde o temprano.

ABUELOS

El jueves 27 de agosto de 1964, Edmund Kemper tuvo una discusión con su abuela, de nombre Maude, entonces el muchacho tomó un rifle que le había regalado el abuelo la Navidad anterior, Maude le dijo que no fuera a dispararle a los pajaritos, entonces el muchacho se dirigió hacia la mujer y, por la espalda, le dio tres tiros, uno de ellos en la cabeza. El nieto cargó el cadáver y lo colocó en su habitación. Luego se sentó a esperar a su abuelo, Edmund Kemper I, quien había salido a la tienda, cuando el viejo iba llegando a su casa, el joven decidió que no podía permitir que viera a su esposa muerta, entonces salió y lo mató cuando se acercaba a la entrada del domicilio.

Libre

Edmund llegó a Santa Cruz, California, donde su madre habitaba en unos departamentos cercanos a la universidad, donde trabajaba como asistente administrativa.

Una de las obligaciones que Edmund tenía, de acuerdo con su libertad condicional, era estudiar, y así lo hizo. Se comportaba normal y aspiraba a convertirse en policía, pero fue rechazado, aparentemente por su tamaño. Le argumentaron que con esa complexión no podía ser agente policiaco, pero él intentaba ser amigo de los policías que se reunían en el bar Jury Room (la Sala del jurado); muchos de ellos lo veían como un tipo molesto y peor: varios más lo veían simpático. Él se interesaba por saber cómo trabajaban en distintas investigaciones y les aportaba opiniones basadas en su afición a las series de televisión. Por su tamaño lo apodaron el *Grandote Ed*.

En casa, la relación con su madre era tirante, de manera frecuente mamá e hijo discutían violentamente. Edmund Kemper contestaba cada una de las agresiones verbales que ella le decía y todo el vecindario se enteraba de sus conflictos. Por esta razón Edmund Kemper se mudó a vivir con un amigo con el dinero ahorrado al trabajar en el Departamento de Transporte de California; sin embargo, no dejó a su madre del todo, ni ella a él. Se telefoneaban, la visitaba y, cuando él necesitaba dinero, ella lo apoyaba.

Entre las cosas que su madre le había dicho toda la vida, una le dolía en especial, una que le pellizcaba el ego; su mamá siempre le aseguró que jamás podría andar con una chica linda como las estudiantes de la universidad donde ella laboraba. Ed Kemper empezó a obsesionarse con esa idea. ¿Por qué no podría tener una chica así? Después de todo, era un tipo muy inteligente, dotado. Ese pensamiento

Sergio Sepúlveda

tomó más fuerza después de que adquirió un automóvil y empezó a rondar por zonas donde muchas mujeres pedían aventón. Según palabras del propio Ed, calculó levantar de manera pacífica a 150 chicas, a las que no les hizo nada, no obstante, también aceptó que sus impulsos sexuales por asaltarlas estaban latentes.

Comienza la fiesta

Domingo 7 de mayo de 1972. Ed manejaba por la carretera y vio a dos chicas que, con su dedo, pedían que alguien las llevara a la Universidad de Stanford. Ellas eran Mary Ann Pesce y Anita Luchessa, ambas de 18 años. Edmund les permitió subir a su automóvil, en el camino les comentó que él trabajaba en el Departamento de Transporte y que las llevaría a su destino por otra ruta, porque algunas avenidas estaban cerradas. Kemper las llevó hasta una zona boscosa. Con la intención de violarlas, primero esposó a Mary Ann y encerró en la cajuela a Anita. Mary Ann fue apuñalada y estrangulada, Anita sufrió de la misma forma. El homicida tomó ambos cadáveres y, en lugar de abandonarlos, los metió en la cajuela. Se dirigió al departamento que compartía con su amigo, quien estaba ausente. En el domicilio tuvo sexo con los cadáveres, los fotografió sin ropa y después los descuartizó. Antes de abandonar los cuerpos de las chicas en una montaña, Ed se revolcó con las cabezas de sus dos primeras colegialas asesinadas.

Jueves 14 de septiembre de 1972. Ed Kemper repitió la fórmula. Se valió de la ingenuidad de una joven de 15 años, quien también pedía aventón. Kemper se detuvo para que la chica subiera a su coche y la llevó a un lugar apartado.

La mantuvo amenazada con una pistola, pero no le disparó, sino que la asfixió hasta dejarla inconsciente, la violó y asesinó. Luego la echó a la cajuela, donde la mantuvo incluso cuando se detuvo en un bar para tomar unos tragos. Al salir del lugar, abrió la cajuela para contemplar el cadáver, el cual llevó a su departamento donde lo violó una vez más y terminó por descuartizarlo. Abandonó los restos en una zona boscosa.

Antes de cometer el siguiente asesinato, Edmund Kemper logró, con ayuda de su madre y de un especialista, demostrar con su buena conducta que estaba rehabilitado para que lo borraran de los archivos de delincuencia juvenil. Nadie sospechaba, ni sus amigos policías ni tampoco su propia familia, que él ya estaba actuando como un sediento asesino serial.

Domingo 7 de enero de 1973. Edmund Kemper ya había regresado a vivir en la casa de su madre, pero eso no impidió que ahí llevara el cadáver de Cynthia Ann Schall luego de matarla. A ella le quitó la vida con un disparo y la trasladó al hogar materno. En su clóset colocó el cuerpo y esperó hasta el día siguiente, cuando su mamá se fue a trabajar, para desmembrarlo con una sierra eléctrica en la bañera de su madre. También la decapitó y se quedó con la cabeza varios días para tener relaciones sexuales con ella, y ya que empezaba a descomponerse demasiado, la enterró en el jardín de la casa, el restó lo tiró en un acantilado.

Lunes 5 de febrero de 1973. Para esa fecha, ya se había corrido la voz de que un asesino serial estaba matando a chicas que pedían aventón en la carretera. Entonces, las autoridades pidieron a los estudiantes que tuvieran precaución y que si solicitaban aventón lo hicieran a coches que tuvieran pegada una calcomanía de la Universidad; sabiendo esto, Edmund Kemper le pidió una de esas calcomanías a su madre, ya que ella trabajaba en la escuela. Ese lunes Kemper salió de cacería y las jóvenes Rosalind Heather Thorpe, de 23 años, y Alice Helen Liu, de 20, confiaron en el *Grandote Ed*, quien las mató a balazos. Edmund siguió con el mismo rito, las decapitó en su coche, luego bajó los cuerpos sin cabezas y dentro de su habitación tuvo sexo con ellos. De nuevo los desmembró y al día siguiente se deshizo de los despojos humanos. Las cabezas las enterró al pie de la ventana de la habitación de su mamá.

Si hasta aquí piensas que los crímenes cometidos por Kemper ya no podían ser más aberrantes, estás equivocado. Prepárate para leer lo más sórdido de este capítulo.

Mamá muerta

Viernes 20 de abril de 1973. La señora Clarnell, madre de Edmund, regresó de una fiesta y de nuevo tuvo una fuerte discusión con su hijo, pero esta vez ella le reclamó, entre otras cosas, que en siete años no pudo tener relaciones sexuales con ningún hombre por culpa de su hijo homicida. Edmund Kemper esperó a que Clarnell se durmiera, regresó a su habitación y, a punta de martillazos en la cabeza, la mató, le cortó la garganta y terminó decapitándola. Con su pene penetró la cabeza varias veces, por la boca y por el cuello.

Según Ed Kemper, disfrutaba penetrar las cabezas de sus víctimas por el cuello porque los músculos rígidos de esa zona ponían una resistencia que lo excitaba y disfrutaba. Después colocó la cabeza de su mamá en una repisa y por más de una hora le lanzó dardos y le estuvo gritando, entre otras cosas le dijo: «Ya tuviste el sexo que querías». Acto seguido, le cortó lengua, laringe y cuerdas vocales y las echó al triturador del fregadero, con la intención de acabar con las partes del cuerpo que su madre usó para gritarle durante toda su vida. Ahí no terminó la escena: Edmund tomó el cuerpo de su progenitora y tuvo sexo con él. Después lo puso en el clóset y se fue a un bar para celebrar haber terminado con el origen de todo su odio.

Cuando regresó al domicilio, Edmund Kemper llamó a la mejor amiga de su madre, Sally Hallet, para invitarla a comer en su casa. Sally aceptó, y en cuanto llegó, Edmund la estranguló, también la decapitó, tuvo sexo con ella y durmió con el cadáver en su cama. Al día siguiente, Ed decidió escapar, dejando una nota a la policía; se fue manejando hasta una ciudad en Colorado, esperando que la policía fuera tras él, pero al notar que no habían sido noticia sus asesinatos, llamó por teléfono a los agentes policiacos para confesar sus crímenes, no obstante, no le creyeron, pensaban que era una broma. Hasta que empezó a dar detalles

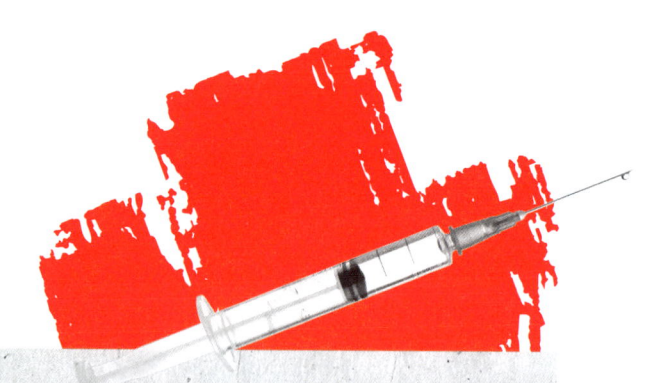

> **PENA DE MUERTE**
>
> Según Amnistía Internacional, en 2017 se registraron 993 ejecuciones en 23 países del mundo. Los métodos de ejecución que se utilizaron durante este periodo fueron la decapitación, el ahorcamiento, la inyección letal y la muerte por arma de fuego. Cabe mencionar que en la mayoría de estos procedimientos judiciales no se cumplieron las normas internacionales sobre juicios justos. ¿Nuestros sistemas judiciales realmente están preparados para decidir quién vive y quién muere?

de los otros crímenes de las estudiantes, los policías tuvieron la certeza de que Edmund Kemper, el grandote chistoso que se reunía con ellos en el bar, era el auténtico *Asesino de colegialas*. Los agentes fueron a buscarlo y él los esperó sentado en su automóvil. Según Kemper, decidió entregarse porque ya no podía emocionalmente con lo que estaba haciendo. Después de todo, ya había matado a su madre, el motivo por el cual empezó a asesinar.

El lunes 7 de mayo de 1973, Ed fue acusado formalmente de ocho asesinatos en primer grado y el jueves 8 de noviembre del mismo año fue condenado a ocho cadenas perpetuas, esto porque la pena de muerte estaba suspendida en California. A partir de esa fecha, Kemper ha sido un preso modelo, incluso ha colaborado muchas veces con agentes del FBI y psicólogos para entender la mente y la forma de actuar de asesinos seriales. En la cárcel, se ha especializado en fabricar tazas de cerámica y en grabar su voz para cientos de audiolibros para personas ciegas.

¿Algún día saldrá de la cárcel? ¿Tú lo liberarías?

Kemper ha declarado que es feliz en prisión y espera estar encarcelado por el resto de sus días. En este sentido, fue elegible para libertad condicional por primera vez en 1979 y siempre se le ha negado, pero también ha rechazado en varias ocasiones ser elegible.

En 2017 le fue negada la libertad condicional y será hasta 2024 cuando pueda ser tomado en cuenta otra vez. Al respecto, el medio hermano de Kemper dijo, en una entrevista al diario británico *Daily Mail*, que su familia siempre ha vivido con miedo de que algún día lo liberen, y que no dudaría en dispararle a matar si lo ve rondando su casa. Para esa entrevista el medio hermano de Kemper, que usó el seudónimo de David Weber, por seguridad, también argumentó que Edmund le cambió la vida a toda la familia y que está seguro de que es un mentiroso y manipulador, y que jamás estará sano mentalmente. Incluso remarcó que jamás lo perdonará y que le gustaría matarlo para mandarlo al infierno, donde pertenece.

Susan, la hermana mayor de Edmund, murió en el 2013; tanto ella como Allyn, la hermana menor, dijeron en algún momento que aceptaban que su hermano hizo cosas muy malas, pero que en el fondo sí es una buena persona.

¿Tendrá tanto espacio el infierno para recibir a Edmund Kemper III?

EL ASESINO DEL TORSO

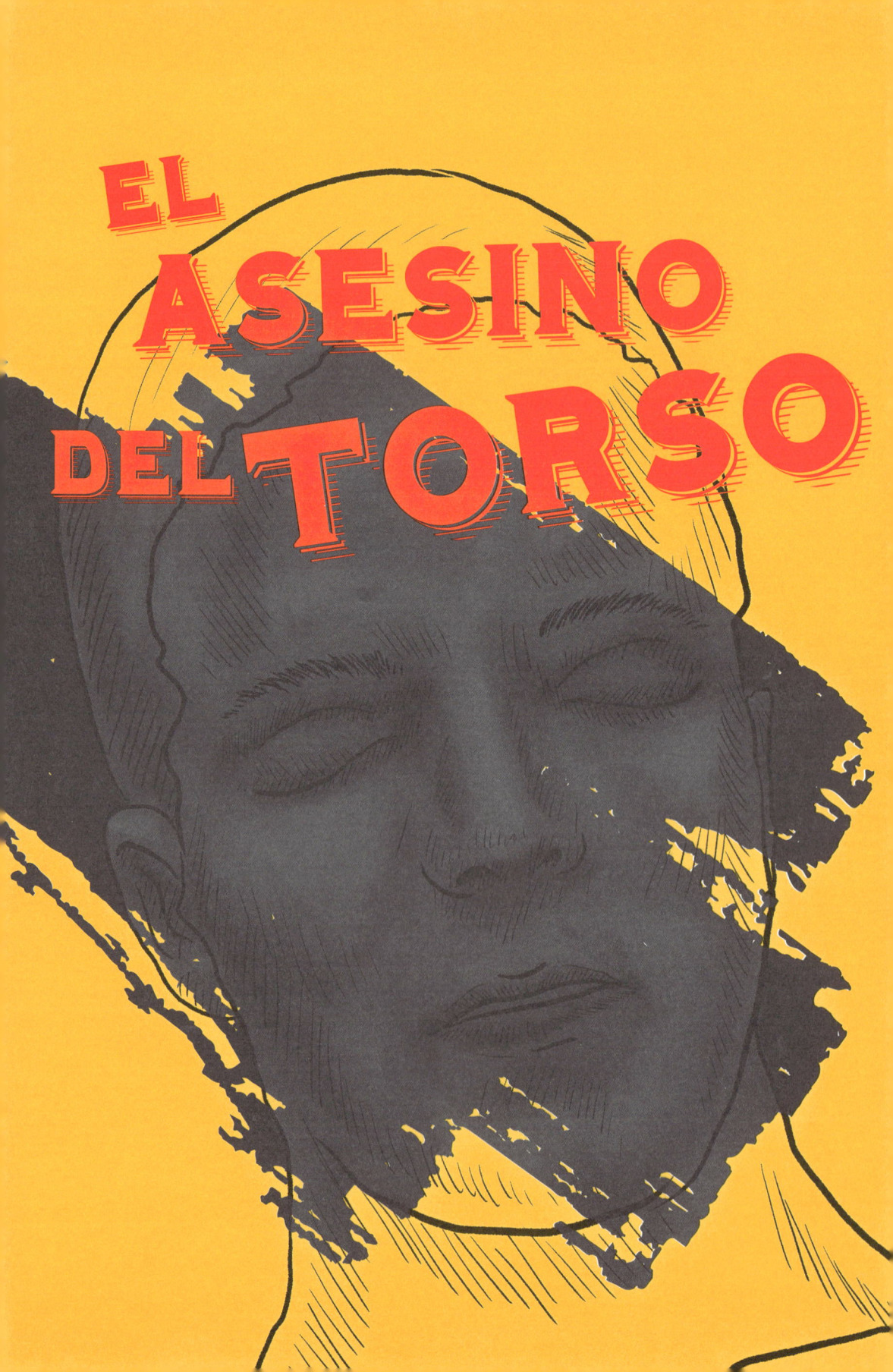

Martes 7 de mayo de 1957. Fue el día en el que el corazón de Elliot Ness se detuvo. Tenía 54 años: muchos podrían pensar que murió joven, pero el alcoholismo en el que cayó lo tenía bastante deteriorado. Los últimos años, vivía con el recuerdo de sus glorias, cuando fue el responsable de la Oficina de Prohibición de Chicago para encabezar el cumplimiento de la Ley Seca, y especialmente encarcelar a Al Capone.

Elliot Ness se graduó de la Universidad de Chicago y, con sólo 26 años, entró a trabajar al Departamento de Justicia de Estados Unidos. Hay que resaltar que mientras luchó sin tregua contra el contrabando del alcohol nunca bebió una copa, no obstante, cuando terminó la prohibición, en 1933, Ness bebió su primer trago, dando pie a una adicción a las bebidas embriagantes. En parte por esto su vida personal empezó a fracasar y su carrera política nunca despuntó. Tocó fondo en 1942, cuando chocó su automóvil manejando en estado de ebriedad; a partir de entonces nunca brilló en los empleos que tuvo y tampoco logró ser alcalde de la ciudad de Cleveland. Prácticamente retirado, escribió sus memorias de cuando dirigió a su grupo de agentes incorruptibles: los Intocables.

A lo largo de la historia, los programas de televisión policiacos y las películas del mismo tipo siempre han exhibido a Elliot Ness como un héroe nacional de Estados Unidos, y lo fue, pero se habla poco de su mayor fracaso: no haber capturado al *Asesino del torso*. Abramos el expediente inconcluso del que es considerado el primer asesino serial en América.

Carnicero de Kingsbury

Descuartizados

Lunes 23 de septiembre de 1935. Dos jóvenes caminaban por un terreno baldío, cerca de un cruce de vías de ferrocarril, un sitio conocido como Kingsbury Run. Si bien el lugar podía ser la locación de una película de terror, los muchachos no imaginaban lo que iban a encontrar. Se toparon con los restos de un cuerpo masculino incompleto; alguien le había arrancado los genitales y su cabeza había rodado al menos unos 20 metros. Ese cadáver le perteneció en vida a Edward Andrassy, quien de acuerdo con los registros de la policía, era un delincuente frecuente. Pero no sólo se encontraba ahí el cuerpo de Andrassy, la policía halló un cadáver más en avanzado estado de descomposición, también decapitado, y por lo mismo no se pudo identificar.

Domingo 26 de enero de 1936. Un hombre se encontró con Florence Genevieve Polillo, una atractiva prostituta; en una situación normal probablemente hubiera coqueteado con ella, al menos con la mirada, pero Florence no estaba ya en condiciones de hacerlo. Ella había sido asesinada y su cuerpo, el cuerpo que tantos hombres sometieron con lujuria, desmembrado. Después de que la mataron, la cortaron en varias partes, y colocaron sus muslos y un brazo en una bolsa, y en otra guardaron su torso. Su cabeza no fue encontrada, pero los músculos contracturados del cuello hicieron pensar a los investigadores que la mujer fue decapitada estando viva. La policía supo que era Florence al analizar sus huellas dactilares.

Para entonces, Elliot Ness ya estaba al frente como director de Seguridad Pública de Cleveland.

Viernes 5 de junio de 1936. Dos menores se dirigían a un día de pesca cuando vieron en la zona del primer asesinato, Kingsbury Run, un pantalón debajo de un arbusto. Uno de los niños lo tomó y, al estirarlo salió rodando la cabeza de un hombre. Imagina el susto que se llevaron, salieron despavoridos rumbo a sus casas. Lo más sorprendente fue que, al día siguiente, el cuerpo que en vida llevó la cabeza encontrada por los niños fue dejado afuera de una estación de policía. El cadáver estaba limpio, lavado y desangrado, con varios tatuajes que les dieron la idea a los investigadores de que se trataba de un marino. La imagen de su rostro fue difundida, pero nadie lo reconoció. Lo llamaron el *Hombre tatuado*, decapitado mientras estaba vivo.

Con este crimen, Elliot Ness decidió liderar la investigación para encontrar al *Asesino del torso*, como lo llamaron los periódicos locales, porque todas sus víctimas estaban decapitadas, sin brazos ni piernas.

Miércoles 22 de julio de 1936. Un hombre de 40 años fue encontrado sin vida en un barranco. Por la cantidad de sangre seca que había donde reposaba su cadáver, se determinó que fue decapitado vivo en el mismo lugar. Su cabeza fue envuelta en sus pantalones. Los restos estaban en muy mal estado debido a que la intemperie y la fauna del lugar los fueron dañando. Los peritos calcularon que ese individuo había muerto dos meses antes de ser localizado.

El asesino serial se movía sin mucha preocupación, porque una cosa era combatir el crimen organizado, con cabecillas bien identificados, y otra era seguir las pistas de un sádico asesino que se deslizaba por lugares lúgubres eligiendo vagabundos, indigentes, delincuentes, personas que difícilmente alguien reclamaría.

Ante este escenario, Elliot Ness dio rienda suelta a su imaginación. ¿Qué características podría reunir el asesino? Era hábil para descuartizar cuerpos. ¿Qué herramientas tendría a su disposición? ¿O qué oficio le podría dar la práctica al homicida para poder realizar sus cortes mortales? ¿Un doctor o un carnicero?

Escalada salvaje

Jueves 10 de septiembre de 1936. Casi un mes y medio dejó pasar el asesino serial para acabar con la vida de su siguiente víctima. Los restos encontrados tuvieron un final aún más salvaje. La mitad de un torso de un hombre quedó tirado en la misma zona donde se encontraron las primeras personas mutiladas. No había piernas, brazos, manos, pies ni cabeza alrededor. ¿Qué hacía el homicida con lo demás? ¿Se lo tragaba, lo arrojaba a los perros?

LA TÁCTICA

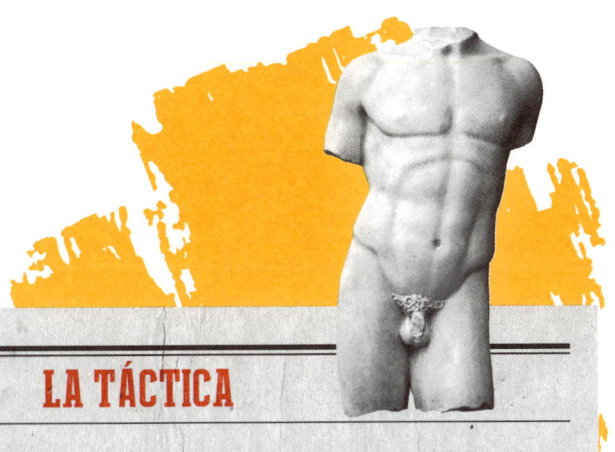

Los agentes de Ness se convirtieron en policías encubiertos para merodear los barrios, los sitios de mala muerte; se disfrazaron como personas sin hogar y viciosos con el objetivo de encontrar una pista que los llevara hasta el asesino. Incluso, un diario local ofreció hasta mil dólares de recompensa a quien proporcionara información para atrapar al *Asesino del torso*, o de los torsos, un homicida al que también llamaron el *Carnicero de Kingsbury*. Entre sus hipótesis, los policías decían que de seguro era un hombre de gran tamaño, corpulento, para poder someter a las víctimas, asesinarlas vivas y cargar sus cadáveres para abandonarlos.

Martes 23 de febrero de 1937. Un año con cinco meses ya habían transcurrido desde los primeros hallazgos y la investigación no iba a ningún lado. Incluso, ese día, el asesino dejó otro cadáver femenino con un detalle extra. Cortó el cuerpo despojándolo de cabeza y brazos, partes que no se recuperaron, le introdujo en el ano un trozo de tela y lo dejó flotando en un lago, en el mismo lago donde en 1934 se halló el cuerpo de otra mujer, como si quisiera aclarar que sus crímenes habían empezado desde entonces.

Domingo 6 de junio de 1937. Rose Wallace fue la siguiente víctima del *Carnicero de Kingsbury,* quien abandonó los restos de la mujer de raza negra debajo de un puente. Aunque Rose Wallace fue decapitada con el sello del multihomicida, se logró recuperar su testa y reunirla con el torso y parte de las piernas. Los restos fueron encontrados por un adolescente que pasaba por el lugar, dentro de una bolsa. Presentaban un nauseabundo estado de descomposición y los investigadores calcularon que la víctima llevaba al menos un año muerta, especulación que tomó más fuerza cuando se dieron cuenta de que la mujer estaba envuelta en hojas de un periódico que tenía la fecha del 5 de junio de 1936, es decir, de un año antes, el día exacto en que se halló el cadáver del *Hombre tatuado*.

Un mes después, el martes 6 de julio, al lado de un río, el *Carnicero* dejó otro regalito para Elliot Ness y su equipo. El torso sin cabeza de un hombre, imposible de identificar. Los muslos flotaban en el agua por separado. Cuando analizaron a detalle el torso, se dieron cuenta de que, con ese hombre, el asesino se dio tiempo para sacarle los intestinos y despojarlo del corazón. Una amenaza clara de que sería más cruel.

Elliot Ness, cansado, desesperado, probablemente deslizándose en el tobogán del alcoholismo incipiente, se distraía del *Asesino del torso* averiguando otros casos menores. Y el criminal, por su parte, les dio nueve meses de tregua, hasta el viernes 8 de abril de 1938, cuando dejó flotando, en el mismo río, un trozo de una pierna femenina. Cuatro semanas después, algunas extremidades se encontraron para medio armar ese rompecabezas humano, pero la testa de esa víctima nunca se obtuvo.

La lista de mujeres y hombres cercenados se detuvo el martes 16 de agosto de 1938, cuando se reportó el hallazgo de dos cuerpos en un basurero. Uno era de mujer, sin cabeza. El otro era de un hombre, también decapitado. Ambas testas se recuperaron. Los dos tenían las manos, pero aun con sus huellas dactilares no se logró su identificación. ¿Por qué no les cortó las manos como a los demás? ¿Acaso quería dejar pistas suficientes para que los sabuesos de Ness se acercaran? Después de todo, un homicida serial busca que le reconozcan sus crímenes, y el *Asesino del torso*, por más sangre que había derramado, sólo era un delincuente anónimo.

¿Qué hizo Ness? Mucho.

¿Qué logró? Nada.

ESFUERZOS INÚTILES

En juego estaba el prestigio del investigador, entonces, no sólo se trataba de la necesidad de atrapar al asesino por el bien de la comunidad, sino que la opinión pública hablaba de su ineficiencia. Así, Ness comenzó a hostigar a cuanto mendigo se encontraba, en un desesperado intento por descubrir alguna pista que le señalara al *Asesino del torso*. No funcionó.

En la mira ciega

El siguiente paso de Elliot Ness fue escuchar a David Cowles, su jefe del laboratorio de delincuencia, quien tenía en la cabeza el nombre de un sospechoso: doctor Francis Edward Sweeney, una persona conocida y con la fortaleza física para manipular cuerpos, presentaba alcoholismo, era bisexual y no estaba sano mentalmente.

No sonaba mal, pero el doctor Sweeney era familiar de un político y eso dificultaba investigarlo. No obstante, Elliot Ness lo sometió a un interrogatorio. Por su parte, Sweeney se mostró tanto cooperativo como burlón. Estaba medio loco, pero era muy inteligente. Entonces Ness insinuó al sospechoso que él era el *Asesino del torso*; el doctor se puso de pie y con su gran tamaño intimidó a Elliot Ness y le exigió que se lo probara. Elliot no tenía nada. Su olfato le decía que Sweeney era el culpable, su desesperación también, pero no tenía pruebas. El doctor se fue, y con el tiempo se internó en distintos hospitales para aliviar su esquizofrenia y desde los nosocomios se dedicó a burlarse de Elliot Ness enviándole cartas y postales, retando su incapacidad para probar su culpabilidad.

¿Y qué pasó con Elliot Ness?

Ustedes ya leyeron el final. Elliot tuvo que renunciar a su cargo después de que tuviera un percance automovilístico porque manejaba ebrio. Los periódicos dieron cuenta de ello y él no tuvo otro camino que dejar el cargo, sin poder esclarecer quién era el *Asesino del torso*. Así, a Ness lo recordamos porque encerró a Al «Scarface» Capone, pero terminó su vida policiaca vencido por el *Carnicero de Kingsbury*.

Muchos sospechan que los asesinatos con su sello continuaron hasta la década de 1950, pero nunca nadie lo atrapó, dejando para la reflexión que sí hay crimen perfecto.

MUERTE INOCENTE

Llegó 1939, el jueves 24 de agosto de ese año arrestaron a Frank Dolezal de 52 años, quien había nacido en Eslovaquia y vivía en la pobreza. Dieron con él porque descubrieron que había sido pareja de Florence Genevieve Polillo, la prostituta asesinada. Después de ser torturado en los interrogatorios, Frank no pudo más y confesó que él era el *Asesino del torso*. Sin embargo, fue una confesión obligada y falsa porque Frank nunca pudo dar detalles de los supuestos homicidios que había cometido. Aun así, lo llevarían a juicio, un juicio que nunca llegó porque Frank se quitó la vida un día antes de ir a la corte. Murió en calidad de sospechoso y fue hasta el año 2010 que las autoridades reconocieron su inocencia.

HUELLAS DACTILARES

Parece natural saber que cada ser humano en el planeta posee un juego único de huellas en las manos, pero no siempre fue tan obvio. Las impresiones de la cresta de fricción en la piel utilizaron 300 a. C. en China como prueba de identidad, en Japón en el año 702 d. C. Existen muchos referentes en el mundo antiguo, pero el primer juicio moderno basado en evidencia de huellas dactilares se efectuó en Inglaterra, en 1902; involucró al inspector Charles Stockley Collins, de Scotland Yard, en un caso de robo.

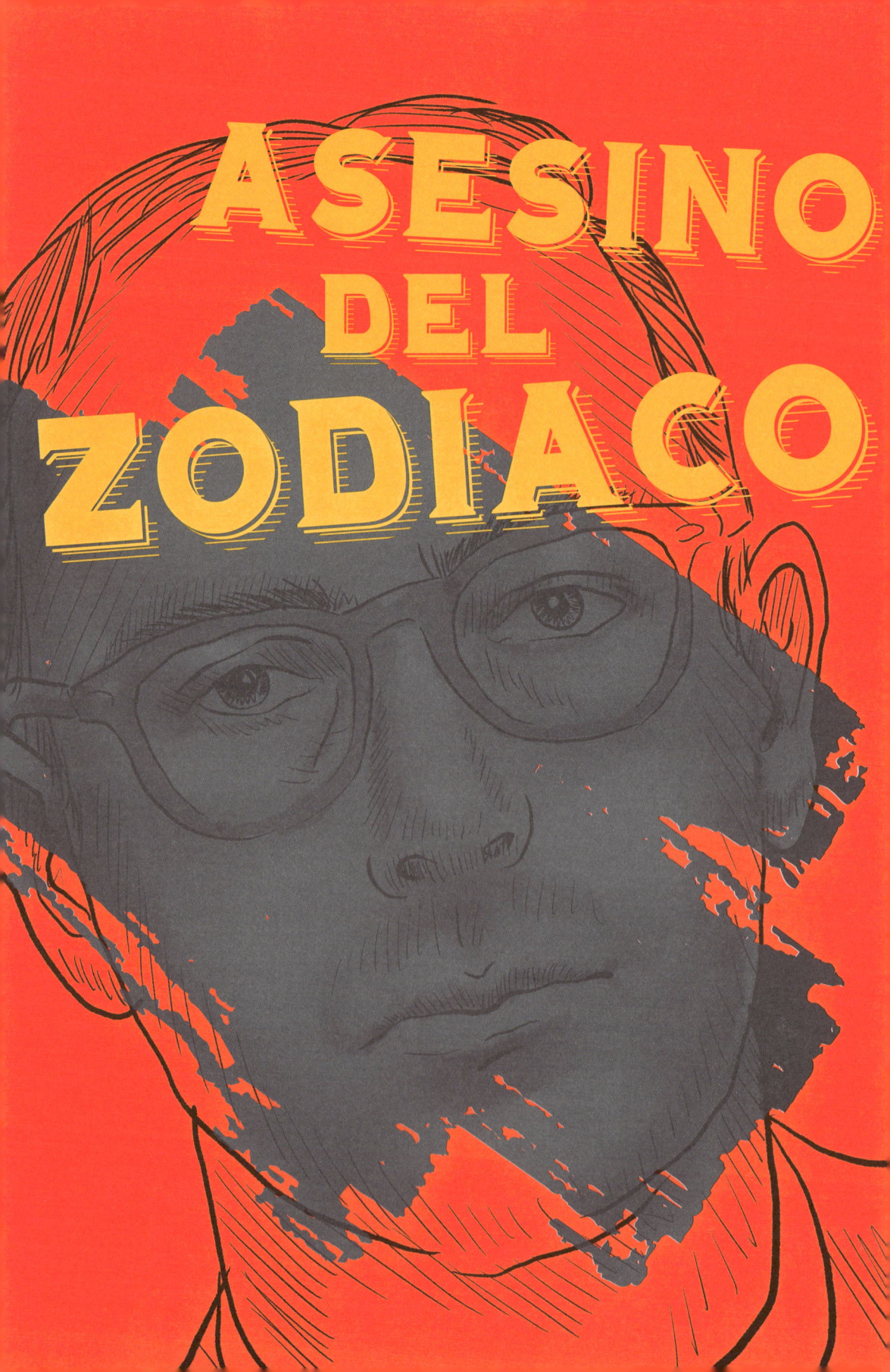

ASESINO DEL ZODIACO

El martes 13 de mayo de 2014 apareció un libro con un título inquietante; en su portada se lee, con letras mayúsculas y grandes: *The most dangerous animal of all,* y con tipografía más pequeña dice: *Searching for my father... and finding the Zodiac Killer.* Este texto es de la autoría de Gary L. Stewart y Susan Mustafa.

Algunos medios de comunicación difundieron la edición de la obra por dos razones principales; primera, el caso del *Asesino del Zodiaco* ha permanecido sin resolver, y todo lo que se habla de él resulta atractivo y, segunda, mejor que la anterior, uno de los autores, Gary L. Stewart, asegura ser hijo biológico del homicida en serie que atemorizó California, Estados Unidos, a finales de la década de 1960. En el libro revela su identidad.

Bastardo

Gary L. Stewart está seguro de que Earl Van Best Jr. era el llamado *Asesino del Zodiaco*.

Stewart cuenta en sus memorias que conoció a su madre biológica, Judith Gilford, en el 2002. Él creció en el estado de Luisiana con sus padres adoptivos, Leona y Loyd, pero al saber que la mujer que lo parió quería conocerlo, decidió viajar a San Francisco para encontrarla. Judith le contó que conoció a Earl Van Best Jr. en una heladería, se hicieron novios, escaparon juntos y se casaron en Reno, Nevada; ella quedó embarazada a la edad de 14 años, y después ambos llegaron a Nueva Orleans, donde dio a luz; pero Earl no quiso hacerse cargo del bebé y la madre se lo llevó a Baton Rouge, otra ciudad de Luisiana, cuando Gary tenía apenas un mes de nacido y lo abandonó en un edificio de departamentos. Más tarde, Earl, de 27 años, fue aprehendido y juzgado por corrupción de menores.

Después de conocer a su madre, Gary quería saber más sobre su progenitor, incluso conocerlo para perdonarlo. Así, comenzó a investigar sobre Earl. Desde el 2002, y hasta 2012, Gary reunió información que lo hizo sospechar que su padre biológico y el *Asesino del Zodiaco* eran la misma persona. Entre otras cosas, Gary aseguró que Earl tenía una cicatriz en la mano, igual que el multihomicida; la firma de ambos era muy parecida. También dijo haber encontrado en uno de los criptogramas de las famosas cartas del *Asesino del Zodiaco* el nombre de Earl, y que su rostro coincide con el retrato hablado.

DE PUÑO Y LETRA

En 2012, Gary y Susan Mustafa, coautora del libro, buscaron el apoyo de Michael Wakshull, un examinador de documentos forenses; le entregaron cuatro textos escritos por Earl Van Best Jr. con la intención de que comparara la caligrafía. Michael recolectó pruebas para comparar el material, tarea nada sencilla, pero al final logró ligar 60 documentos al *Zodiaco*.

Legión equívoca

Después de su investigación, Michael Wakshull declaró: «Mi conclusión es prácticamente cierta de que los dos hombres, quienes escribieron los documentos (analizados) son la misma persona. En los años que tengo de experiencia examinando documentos, raramente he visto dos juegos de caligrafía tan parecidos».

La indagación y sus resultados fueron entregados a la policía de San Francisco, pero el mismo Gary asegura que las autoridades desecharon su hipótesis sin investigar.

Hay que subrayar que Earl Van Best Jr. es sólo un nombre entre más de 2500 sospechosos que los investigadores del caso acumularon desde que inició la búsqueda del *Asesino del Zodiaco*. Mucha información ha sido reunida por las autoridades, pero también muchos aficionados, fanáticos del caso, han trabajado y aportado hipótesis, nombres y señalado culpables.

Revisemos el expediente del homicida en serie sin nombre oficial, que se hizo famoso como el *Asesino del Zodiaco*.

Disparos en la noche

Viernes 20 de diciembre de 1968. Las manos sudorosas, mariposas en el estómago y las pupilas dilatadas delataban a Betty Lou Jensen y a David Faraday: ambos se gustaban, las hormonas estaban presentes. Ella tenía 16 años y él 17; era su primera cita y se habían estacionado en Lake Herman Road, al este de Vallejo, California. El lugar estaba oscuro, con las condiciones ideales para una pareja que buscaba privacidad clandestina. Alrededor de las once de la noche, otro auto se estacionó a un lado de ellos. El conductor del otro vehículo descendió, disparó a una ventanilla y a un neumático. Betty alcanzó a bajarse del coche antes de que el asesino pusiera un tiro en la cabeza de David, quien quedó agonizando, después el gatillero alcanzó a Betty y le disparó cinco veces en la espada. La joven murió en el lugar y el muchacho camino al hospital. No hubo pistas suficientes para iniciar una investigación formal.

La esposa y el amante

Jueves 4 de julio de 1969. Darlene Elizabeth Ferrin, de 22 años, le pidió a la niñera que se quedara más tiempo para cuidar a su hija, porque tenía que salir a comprar unas cosas que le había encargado su esposo. La verdad es que Darlene se encontraría con su amante de 19 años, Michael Renault Mageau. Darlene pasó por Michael en su auto y se dirigieron a un estacionamiento de Blue Rock Springs, un campo de golf en Vallejo, California. Era casi la medianoche cuando la pareja notó que un auto los seguía; Darlene trató de perderlo, pero no pudo hacerlo. Al llegar al campo de golf, la pareja chocó con un árbol y el vehículo que los seguía se detuvo a su lado, no obstante, después de varios minutos el extraño que los acosaba se marchó. La pareja estaba asustada, aunque retomaron el aire cuando se quedaron solos; sin embargo, pocos minutos después, ya en la madrugada del viernes 5 de julio, el coche que los persiguió regresó y se estacionó detrás de ellos, bloqueándoles la salida. Un hombre descendió y los alumbró con una linterna, los jóvenes pensaron que era un policía, pero el sujeto les disparó cinco veces y regresó a su vehículo; antes de marcharse escuchó los lamentos de Michael, entonces regresó para rematarlos y disparó cuatro balas más, dos de ellas mataron a Darlene, una le dio a Michael y otra más se perdió. El asesino arrancó y escapó. Darlene yacía muerta y Michael sobrevivió porque los proyectiles sólo le perforaron las mejillas y no alcanzaron el cerebro. En su declaración, el joven describió al homicida como un tipo de piel blanca, corpulento, con gafas, cabello castaño claro, rizado y con una edad de entre 25 y 30 años.

Sergio Sepúlveda

A las 12:40 de la mañana sonó el teléfono del Departamento de Policía de Vallejo; un hombre llamaba para informar del doble asesinato que había cometido y también se adjudicó la muerte de Betty Lou Jensen y David Faraday, siete meses antes.

A la una y media de la madrugada del mismo día, el teléfono sonó en la casa de Darlene, donde su esposo, de nombre Dean, ya había llegado de trabajar acompañado de unos amigos para seguir celebrando el 4 de julio; al levantar la bocina sólo se escucharon jadeos y colgaron. Una segunda llamada repitió los mismos sonidos. Poco tiempo después la policía llegó a informarle a Dean que su esposa había sido baleada en compañía de su amante.

Código

Hasta aquí dos eventos sangrientos, cuatro jóvenes baleados, dos parejas ávidas de escarceos amorosos, dos escenas eróticas interrumpidas por la violencia; el responsable era un hombre que no sólo quería asesinar, sino también ser famoso por poner en jaque a las autoridades. Entonces decidió, como si le rindiera tributo, copiar a *Jack el destripador* y comenzó a escribir.

Viernes 1 de agosto de 1969. La correspondencia de tres periódicos contenía una carta de un remitente extraño. Los diarios *The San Francisco Examiner*, *San Francisco Chronicle* y

Vallejo Times-Herald recibieron el primer texto del depredador que andaba suelto. Cada carta era muy parecida a la otra, casi decían lo mismo. Lo principal era que el autor se adjudicaba los asaltos a las dos parejas, con detalles sobre cada evento. Además, el sello de cada carta era un mensaje con símbolos, un lenguaje a descifrar, y la firma del remitente era un círculo tachado con una cruz, como el logotipo de la marca de relojes Zodiac.

Esta primera carta tenía una exigencia clara: los tres periódicos debían publicar el texto en primera plana, incluyendo el criptograma, donde revelaba su identidad. Si no lo hacían, el autor tomaría represalias. Aseguró que, de ser ignorado elegiría a doce personas al azar para matarlas. La amenaza cobró más fuerza porque los editores sabían de los asesinatos anteriores y temían que se cumpliera la promesa, así que publicaron el texto en portada.

Los periódicos no sólo se beneficiaron con las ventas al publicar las cartas del asesino, también proporcionaron fotocopias de los textos a la policía para intentar descifrar el conjunto de símbolos griegos, de astrología, en código Morse, señales marítimas y letras, entre otras cosas. Por su cuenta, Jack Stiltz, el director de la policía de Vallejo, solicitó de manera pública al autor que enviara más datos para confirmar que él era el homicida.

El lunes 4 de agosto. El criminal envió nueva correspondencia, donde insistía que su identidad estaba en los códigos anteriores y proporcionó detalles sobre los homicidios que solamente él y la policía conocían, y en estos nuevos textos se autonombró como el *Zodiaco*. Las autoridades tomaron en serio el caso y la gente estuvo atenta a las noticias.

La traducción

El viernes 8 de agosto se descifró el mensaje encriptado de su primera carta y decía lo siguiente:

> Me gusta matar gente porque es mucho más divertido que matar animales salvajes en el bosque, porque el hombre es el animal más peligroso de todos. Matar es la experiencia más excitante, es todavía mejor que acostarte con una chica, y, lo mejor de todo esto es que cuando me muera renaceré en el Paraíso y todos a quienes he matado serán mis súbditos. No les daré mi nombre porque ustedes tratarán de retrasar o detener mi recolección de súbditos para mi vida en el más allá.

Algo curioso de esta traducción es que no fue realizada por algún agente de la CIA o el FBI, sino por el matrimonio formado por Donald y Betty Harden. Él tenía 41 años, trabajaba como profesor de Historia y Economía, pero desde pequeño tenía el gusto de descifrar mensajes, claves o códigos. Entonces, cuando llegaron a su poder los textos publicados en los diarios, decidió intentar descifrarlos. Tres horas en solitario le dedicó a la tarea y se dio cuenta de que el autor había elaborado una clave de sustitución, es decir, cada letra del alfabeto la había depuesto por un símbolo, letra, dibujo o figura. Pero eran muchos los signos y con un orden nada fácil de entender.

Estuvo a punto de rendirse, hasta que su esposa se unió a la tarea. El aporte de su mujer fue crucial, porque Betty supuso que, como todos los asesinos en serie, el ego y la necesidad de reconocimiento del homicida debía estar escrito o representado con palabras como «yo». Incluso, Betty apostó porque una de las frases debía reflejar su gusto por matar, y acertó, la primera línea del mensaje oculto era: «Me gusta matar».

Poco menos de veinticuatro horas tardaron en descifrar el código del *Zodiaco*, entonces Donald Harden llamó al *San Francisco Chronicle* para decirles que tenía la solución, pero le dijeron que debía enviar su interpretación por correo para que la remitieran a las autoridades, para su verificación, junto a muchas otras que habían llegado. Así lo hizo el matrimonio y pocos días después el servicio de inteligencia confirmó que los Harden habían descifrado el mensaje.

Verdugo

Sábado 27 de septiembre de 1969. De nuevo una pareja, Cecilia Shepard y Bryan Hartnell, pasaban la tarde en un día de campo a orillas del lago Berryessa. En algún momento, la mujer se percató de la silueta de un hombre que a lo lejos los observaba, pero que después se metió entre el bosque y desapareció. Minutos después, Cecilia comprobó que era real lo que había visto, un hombre salió de entre la maleza y empezó a caminar hacia ellos. Cuando el sujeto estaba a menos de diez pasos, Cecilia dijo, asustada, que el tipo estaba armado con una pistola, pero lo que más alarmó a la pareja fue el atuendo del visitante. Iba vestido con una

FIRMA DE SANGRE

No todo el texto fue develado por los Harden, porque al final de la carta el Zodiaco escribió «EBEORIETEMETHHPITI», una secuencia de letras, tal vez la firma y nombre real del criminal, que nadie ha podido traducir.

capucha similar a la que utilizaban los verdugos que cubría el rostro y sólo tenía los orificios a la altura de ojos y boca, además, llevaba gafas negras por encima de la misma capucha, cubriéndole la mirada.

El hombre se acercó lentamente a Cecilia y a Bryan apuntándoles con el arma y les pidió el dinero y las llaves del automóvil. «Quiero el coche para ir a México» dijo. Bryan obedeció, pero el hombre tiró las llaves del vehículo, guardó el dinero y la pistola. «Soy un preso; me he fugado de Der Lodge, Montana, maté a un guardia en la cárcel. Tengo un coche robado y nada que perder», afirmó el asaltante. Acto seguido, sacó un cuchillo largo y una cuerda y les ordenó que se ataran. Entonces, Cecilia amarró a Bryan y el hombre de la capucha ató a Cecilia.

La siguiente descripción es dolorosa para la imaginación.

El verdugo apretó el cuchillo que llevaba y comenzó con Bryan, lo apuñaló varias veces por la espalda. La sangre brotó y salpicó a Cecilia, que agonizaba por el terror, aun antes de ser alcanzada por el atacante. Después de terminar con Bryan, el criminal se lanzó contra la mujer y le hundió rápido y con saña el cuchillo en el abdomen, también la penetró en cada pecho, en la ingle y de nuevo en el abdomen, una y otra vez. Se contaron *veinticuatro* cuchilladas en el cuerpo de Cecilia, *veinticuatro* cortes para formar el mismo símbolo con el que firmó las cartas: el logotipo del Zodiaco.

El homicida dejó a la pareja desangrándose, caminó hacia la carretera y, cuando llegó al coche de Bryan, usó la puerta del copiloto como un lienzo para marcar el símbolo del Zodiaco y las fechas de los tres ataques que había perpetrado: «Vallejo 12-20-68 / 7-4-69 / Sept 27-69-6:30/ *by knife* (acuchillados)».

Cuando se fue el encapuchado, la pareja, como pudo, con uñas y dientes, se desató y gritaron pidiendo auxilio sin la posibilidad de ponerse de pie para llegar al coche debido a la gravedad de sus lesiones. Un padre con su hijo, quienes estaban relativamente cerca pescando en el lago, escucharon los gritos y fueron para auxiliar a Cecilia y Bryan. Llamaron a unos oficiales, quienes llegaron al lugar y apuntaron la descripción del atacante. En cuanto llegó la ambulancia, la pareja fue trasladada a un hospital en Napa. Cecilia murió un par de días después. Bryan sobrevivió para contar con más detalles lo sucedido.

Un gran error

Sábado 11 de octubre de 1969. Paul Stine, de 29 años, había realizado muchos viajes por la ciudad en su taxi y había andado muchos kilómetros, lo que no sabía era que esa noche realizaría el último viaje. Un hombre corpulento le hizo la parada, subió al auto y le dijo a Paul que lo llevara a la calle Presidio Highs. Casi al llegar a la dirección indicada, el extraño pasajero le pidió al taxista que avanzara una cuadra más, cuando se detuvieron, el pasajero se abalanzó hacia delante y tomó a Paul por el cuello con un brazo y con la otra mano le puso la pistola en la mejilla, instantes después disparó, penetrando el cráneo del noble chofer. Después, el asesino se subió adelante para quitarle la cartera, le arrancó la camisa y escapó; se fugó sin darse cuenta de que tres jóvenes, que estaban en una casa de enfrente, observaron todo; ellos llamaron a la policía y describieron al homicida como un hombre corpulento, blanco y con un peculiar corte de cabello. El agente que tomó la llamada, de forma errónea, apuntó que había sido un hombre de raza negra. Tremendo error, porque pocos minutos después del llamado de auxilio, unos policías vieron a un sujeto caminando por las calles cercanas al asesinato con las características descritas, excepto porque era una persona de piel blanca y ellos buscaban a un adulto negro. Sin saberlo, dejaron escapar al *Zodiaco*. La policía se tuvo que conformar con la colaboración de los tres jóvenes que presenciaron la muerte del taxista para elaborar un retrato hablado del asesino.

¿Por qué el *Zodiaco* arrancó la camisa del taxista Paul Stine? La respuesta llegó muy pronto, tres días después.

El martes 14 de octubre de 1969, el homicida volvió a escribir. La carta llegó al periódico *San Francisco Chronicle* con una tela llena de sangre: era la camisa de Paul Stine. La nota llevaba, entre otras cosas, el siguiente mensaje:

> Habla el Zodiaco. Soy quien asesinó anoche al taxista en la esquina de Washington con Maple, como muestra, aquí está un trozo de su camisa ensangrentada. Soy el mismo que mató a las personas en la zona norte de la bahía. La policía de San Francisco me pudo haber atrapado anoche si hubiera registrado bien el parque en lugar de hacer carreras con sus motos para ver quién hacía más ruido. Los conductores tendrían que haber estacionado los autos y esperar en silencio a que saliera de mi escondite.

Pero lo peor de la carta era la siguiente amenaza: «Los estudiantes son un buen blanco, creo que mañana voy a asaltar un autobús escolar. Dispararé a la rueda delantera y luego acabaré cuando salgan dando pequeños saltos».

Frágil paz

Hasta aquí los asesinatos del *Zodiaco* confirmados por los investigadores. Hubo sospechas de otros, e incluso existió el reporte de una mujer de nombre Kathleen Johns denunciando que un hombre las secuestró, a ella y su hija de diez meses, por dos horas, y que tuvieron que lanzarse de su auto en movimiento para ponerse a salvo. Kathleen dijo que el secuestrador cumplía con los rasgos del retrato hablado del *Zodiaco*, no obstante, la policía no tomó en serio su testimonio porque tuvo varias inconsistencias en los interrogatorios y entrevistas a las que se sometió la mujer.

¿Qué hizo el *Zodiaco*? En apariencia dejó de matar y se mantuvo presente con algunas cartas para seguir llamando la atención, repito: en apariencia.

Algunas cartas que siguieron llegando a las redacciones de los diarios coincidían con el estilo del *Zodiaco* y otras se desechaban. Una de las que se tomó en serio llegó al periódico *San Francisco Chronicle*. El texto amenazaba de muerte al periodista Paul Avery, quien había cubierto el caso. Al parecer, las opiniones de Avery disgustaron al asesino y su ultimátum fue enviarle una postal de Halloween en la que escribió, al reverso: «*Peek a boo*, estás condenado». La postal se publicó en la primera plana del diario y el miedo persiguió el resto de su vida al periodista. Nunca más pudo sentirse tranquilo, todo el tiempo pensaba que el *Zodiaco* lo mataría.

Las investigaciones oficiales apuntan hacia que el último texto auténtico enviado por el *Zodiaco* fue el lunes 24 de abril de 1978, lo dirigió de nuevo al *San Francisco Chronicle* y en él acepta que uno de los detectives que seguía su pista, Dave Toschi, era talentoso, pero que él era más inteligente; además, esperaba que hicieran una película sobre su historia y se preguntaba quién lo interpretaría. Hay que recordar que en el año 2007, el director David Fincher estrenó la cinta *Zodiaco*, basada en los eventos que han rodeado al asesino en serie.

No fueron pocos los comentarios positivos hacia la película, algunos hasta la señalaron como la obra maestra del cineasta. En ella, Jake Gyllenhaal interpretó a Robert Graysmith, un caricaturista del periódico *San Francisco Chronicle*; Mark Ruffalo al inspector Dave Toschi, Robert Downey Jr. a Paul Avery, el periodista amenazado por el *Zodiaco*, y John Carroll Lynch personificó a Arthur Leigh Allen, uno de los principales sospechosos.

CRIPTOGRAMAS

El diccionario define la criptografía como el «arte de escribir con clave secreta o de un modo enigmático». Los mensajes cifrados fueron usados por gobernantes y militares en Egipto, Babilonia, Roma y hasta el famoso Enigma, durante la Segunda Guerra Mundial. Existen métodos sencillos, como el de *escitala*, utilizado por Julio César, basado en la sustitución de cada letra por la situada tres puestos después en el alfabeto latino. Los complejos sistemas matemáticos pueden utilizarse para generar códigos de computadora, o para ocultar a un asesino serial.

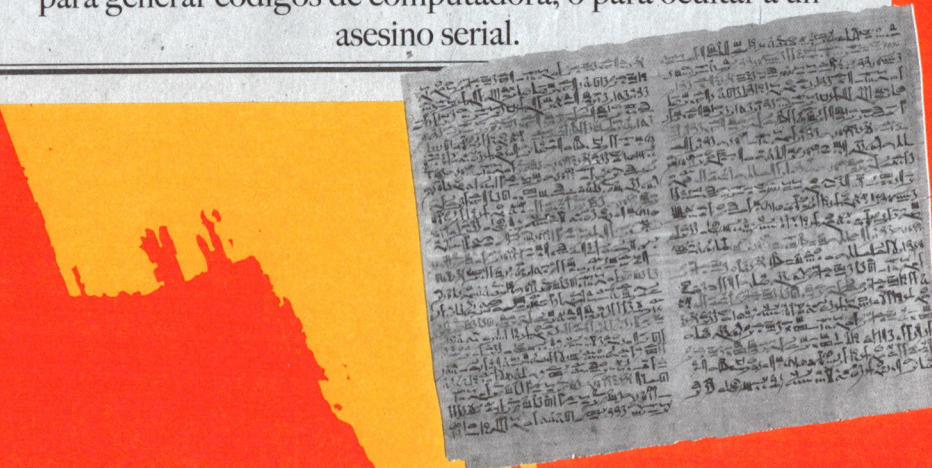

Monstruos de la vida real

En la mira

¿Y quién era Arthur Leigh Allen? ¿Por qué sospechaban de él? ¿Por qué nunca lo inculparon?

Allen nació en Honolulu, Hawái, el lunes 18 de diciembre de 1933. Entre las razones por las que fue señalado como sospechoso de ser el *Zodiaco*, para varios como el principal, están que un amigo de él denunció que lo había escuchado decir que tenía la intención de matar parejas y usar el seudónimo de *Zodiaco*; además, Allen tenía un reloj de la marca Zodiac que le regaló su madre en 1967, poseía unas botas con la misma suela y con la misma talla de calzado que una de las encontradas en el lugar del crimen de Bryan Hartnell y Cecilia Shepard, fue arrestado acusado de pedofilia, tenía gusto por cazar y le encontraron varios cuchillos con sangre la misma fecha del asesinato mencionado. Allen se declaró inocente, pero varias pruebas circunstanciales lo mantuvieron ligado a la investigación hasta el miércoles 26 de agosto de 1992, cuando murió. En descargo de Arthur hay que resaltar que, al comparar su caligrafía con las cartas del *Zodiaco*, las pruebas dactilares y los análisis de ADN con tecnología del siglo XXI, ninguno de estos exámenes arrojó que Arthur Leigh Allen fuera el *Zodiaco*.

Así, el *Zodiaco* fue el responsable de cinco crímenes, igual que *Jack el Destripador*; envió cartas como el asesino de Whitechapel y, de la misma forma, es un misterio su identidad... O tal vez no, porque en el 2016 se publicó en el diario británico *Daily Star* que el *Zodiaco* responde al nombre de Dennis Rader, otro asesino serial llamado BTK, sádico multihomicida de quien hablaremos en el siguiente capítulo. ¿Será?

DENNIS RADER

En el capítulo anterior se quedó abierta la posibilidad de que el *Asesino del Zodiaco*, cuya identidad ha sido un misterio sin resolver, podría llevar el nombre de Dennis Rader, un homicida serial que fue arrestado el viernes 25 de febrero de 2005, pero al que nunca ninguna autoridad ligó al *Zodiaco*; tampoco Rader dijo que él fuera ese criminal.

¿Quién era y cómo se liga a Dennis Rader con el *Asesino del Zodiaco*?

Asesino BTK

Coincidencias sangrientas

El sábado 6 de febrero de 2016, el diario británico *Daily Star* publicó una nota cuyo encabezado decía: «El *Asesino del Zodiaco* es finalmente desenmascarado... y es un homicida serial convicto». La nota exclusiva, firmada por Chris Summers, presentaba el testimonio de Kimberly McGath, una detective retirada, quien durante dos años estuvo analizando y comparando la caligrafía de las cartas de ambos asesinos seriales; de acuerdo con su experiencia en estos temas ella se atrevió a decir que había muchas similitudes entre los dos criminales.

Kimberly argumentó que a Rader jamás lo vincularon con *Zodiaco* porque, en la época de sus crímenes, Rader estaba en Japón enrolado con la Fuerza Aérea de Estados Unidos. McGath agregó que los textos de ambos utilizaban palabras como: *juego, cacería, glorificación*.

A la exdetective le cuestionaron su hipótesis porque el *Zodiaco* asesinaba a personas al aire libre, en la calle, mientras que Dennis Rader asaltaba a sus víctimas en sus casas; McGath contestó que el homicida cambió su *modus operandi* porque en California podría ser un extraño, pero en Wichita correría el riesgo de ser identificado, entonces decidió meterse a los hogares de las personas que seleccionaba.

¿Qué tanta validez tiene el análisis de Kimberly McGath? Mucha o poca, como las decenas de hipótesis que se han generado en torno al *Zodiaco* durante años. Kimberly acudió a las autoridades de los estados de Kansas y California, pero en ambos le dieron poca importancia.

¿Será que el *Zodiaco* ya fue atrapado con el apodo de otro homicida?

¿Habrá sido capaz una exdetective de resolver un caso con sólo sentarse a leer lo que muchos ya habían analizado?

¿Fue Dennis Rader el *Asesino del Zodiaco* en California y el *Asesino BTK* en Kansas, pero no lo confesó para mantener intacto el truculento legado de un criminal suelto?

Revisemos el expediente de Dennis Rader, el *Asesino BTK*.

Ingenuidad aparente

Dennis Lynn Rader nació el viernes 9 de marzo de 1945 en Pittsburg, Kansas. Fue el primero de cuatro hermanos cuyos padres eran William Elvin Rader y Dorothea Mae Cook. Su papá era marine y en algún momento de la infancia de Rader, toda la familia se mudó a la ciudad de Wichita.

El niño Dennis no fue un estudiante sobresaliente, asistía a la iglesia luterana y formó parte de los Boy Scouts. Digamos que era un niño como cualquiera, incluso estaba del lado de los ingenuos, en apariencia. Detrás de ese cándido comportamiento, Dennis Rader imaginaba cosas crueles e insanas, como abusar sexualmente de su actriz favorita, una chica adolescente de nombre Annette Funicello, quien trabajaba en un programa de Mickey Mouse; pero no sólo eso, Rader empezó a mostrar una de las características de los asesinos seriales, es decir, maltratar, mutilar y torturar animales.

MALAS MAÑAS

Siendo niño, empezó a masturbarse, una práctica precoz que algunos verían como *normal*, pero el elemento extra que Dennis agregaba era alarmante, porque tomaba cualquier revista y buscaba fotografías de las jóvenes que aparecían en anuncios publicitarios, después dibujaba sobre ellas cuerdas, como si las mujeres estuvieran amarradas y amordazadas por él.

Asesino en formación

Al llegar la adolescencia, Dennis se convirtió en un joven atractivo. Continuó en la escuela como uno más del montón. Trabajó por un tiempo en un supermercado, pero le encontró el gusto a seguir de cerca los movimientos de algunas chicas que se encontraba en la calle: un escalofriante pasatiempo. Al azar, empezaba a caminar cerca de la mujer que le gustaba como si fuera a cazarla, aunque nunca, en ese tiempo, le hizo daño a nadie.

Luego, Dennis buscó algo más intrépido, excitante para su ansiedad: comenzó a introducirse en casas para convertirse en un ladrón de poca monta; los objetos más preciados para él eran los que satisfacían su fetichismo, cosas femeninas, como lencería.

Verano de 1966. Dennis Rader ya tenía más de 21 años y se enlistó en la Fuerza Aérea Estadounidense, esto lo llevó a salir de su ciudad y pasar tiempo en Texas, Grecia, Corea, Turquía y Alabama, haciendo la última parte de su servicio en una base militar cerca de Tokio, Japón.

¿Cómo se portó en el Ejército? Bien, muy bien, de hecho fue condecorado por buen desempeño y comportamiento; no obstante, cuando Dennis se quitaba el uniforme militar, perdía el respeto y salía en busca de aliviar sus parafilias.

Contrataba prostitutas, principalmente en burdeles. Dennis pensaba que si pagaba podía hacer lo que él quisiera y su excitación mayor era lo que hoy entendemos como *bondage* (del francés que significa «esclavitud» o «cautiverio»), un ejercicio erótico que consiste inmovilizar el cuerpo de otra persona, o el propio, utilizando cuerdas, cintas, cadenas, esposas, telas, alambre o cualquier herramienta que ayude a que el practicante quede inmóvil. Sí, Dennis Rader se excitaba con la idea de ser el victimario a la hora de tener sexo; le gustaba pensar que tenía el absoluto control sobre la mujer a la que penetraba, pero como las prostitutas no se prestaban a su sádico juego regresó a la masturbación. Dennis rentaba habitaciones de hotel y ahí secuestraba a su propio cuerpo. Como podía, se amarraba, se colocaba una bolsa de plástico en la cabeza para disminuir el aire y manipulaba su pene hasta eyacular.

Carnicero

Llegó 1970, y cuando Dennis Rader terminó su servicio con la Fuerza Aérea, decidió regresar a Wichita, donde se empleó en un supermercado, irónicamente, atendiendo el departamento de carnes. Un año después, Dennis Rader encontró el amor que lo llevó al matrimonio, y el viernes 22 de mayo de 1971 se casó con Paula Dietz, de 23 años, una mujer con sangre alemana-estadounidense, quien practicaba la misma religión que él. Parecía que los años de lujuria clandestina y pensamientos morbosos se habían terminado para Rader, pues había formado una familia que creció cuatro años después, ya que en 1975 nació su primer hijo, Brian Howard Rader, y en 1978 su hija, Kerri Lynn Rader.

En 1973, después de haber pasado por dos empleos más, se quedó sin trabajo. Dennis tenía poco dinero y mucho tiempo libre, entonces su mente se refugió en aquellos pensamientos enfermos que le daban placer: «¿Qué se sentirá estrangular a una mujer?». Ésta era una idea que lo asaltaba de manera frecuente, una idea que dio la vuelta al switch para arrancar su carrera como asesino serial. Así, empezó a observar mujeres universitarias o en colonias alejadas, las visualizaba amarradas y torturadas con sus manos.

En enero de 1974, una familia de origen hispano nunca imaginó que al mudarse muy cerca del barrio donde vivía Dennis había firmado su sentencia de muerte; Dennis notó a los Otero, quienes llegaron a vivir a una casa cercana, y comenzó a observarlos, principalmente a Julie Otero, la madre de 34 años, y a Josephine, la hija de 11. Mientras analizaba la rutina familiar, Dennis fue armando su kit para matar, que incluía pistola, cuerdas, cuchillos, esposas, ropa especial y una máscara.

Aprendiendo a matar

Martes 15 de enero de 1974, 7:30 de la mañana. Dennis Rader cortó la línea telefónica del domicilio de la familia Otero y se introdujo a la casa por la puerta trasera. Él pensaba que Julie y Josephine estarían solas, pero también estaban Joseph Otero, el padre de 38 años, y Joseph Jr. de 9; el otro hijo varón ya se había ido a la escuela. Les apuntó con la pistola y les mintió, diciéndoles que era un preso fugitivo y que sólo quería comer algo y escapar en su automóvil, no obstante, los amarró para después estrangularlos a uno por uno.

¿Qué hizo después? Se excitó, pero no violó a las mujeres, prefirió masturbarse en varios lugares, dejando semen esparcido por la casa. Luego guardó sus herramientas, tomó el reloj del señor Otero y escapó en el coche familiar. Más tarde, Charlie Otero regresó de la escuela para encontrar los cuerpos de sus padres muertos en su habitación; el joven sólo pudo llamar a la policía, que certificó los asesinatos. Así comenzó la carrera criminal de Dennis Rader y una investigación incansable y muy larga.

Correspondencia

Jueves 4 de abril de 1974. Casi tres meses después, Dennis Rader de nuevo salió de cacería. En esta ocasión Kathryn Brigth, de 21 años, fue la víctima. Ella y su hermano Kevin llegaron a su casa y, en el interior, se encontraron con Dennis, quien les apuntó con el revólver. Rader le ordenó al joven que atara a su hermana, después condujo a Kevin a otra habitación para estrangularlo, pero el chico se defendió con todo y logró salir de la casa, no sin antes recibir dos balazos en la espalda. Kevin logró llamar a la policía, pero no llegó a tiempo. Kathryn fue apuñalada tres veces en el abdomen, quedó agonizando amarrada a una silla y Rader escapó.

La policía intensificó la investigación y logró la confesión de tres personas que se atribuían el asesinato de la familia Otero. Esto, en lugar de tranquilizar a Dennis por no estar en el ojo de los agentes policiacos, lo alteró, porque como cualquier asesino serial, Dennis quería el crédito por sus crímenes y no deseaba compartirlo con nadie. Entonces Rader comenzó la misma práctica de *Jack el Destripador* y del *Asesino del Zodiaco*, es decir, escribir cartas.

Llamó a un periódico de Wichita, el *Eagle-Bacon*, e informó que obtendrían más información sobre el asesinato de la familia Otero si acudían a la biblioteca pública de Wichita; ahí encontrarían, en algún estante, un libro de ingeniería y, en su interior, una carta. Comenzó la correspondencia firmada por *BTK*.

La carta dejada por Dennis Rader en la biblioteca comenzaba con tres palabras en mayúsculas: «EL CASO OTERO». En ella se adjudicó el asesinato de cuatro miembros de la familia y descalificaba a los supuestos asesinos que se culpaban por ese crimen. Algo importante fue la postdata, en la que dio a conocer a la policía su apodo criminal.

Dennis escribió en ella:

> Ya que los criminales sexuales no cambian su *modus operandi*, ni pueden hacerlo, porque esa es su naturaleza, yo no voy a cambiar el mío. Las palabras claves para mí serán: átalos, tortúralos, mátalos. BTK: ustedes lo verán de nuevo. Así será en la siguiente víctima.

Regreso infame

Después de la carta, Dennis Rader desapareció, se esfumó, al menos por tres años.

Jueves 17 de marzo de 1977. *BTK* retomó su cacería; se metió a la casa de Shirley Vian, de 24 años, quien dejó que uno de sus hijos abriera la puerta cuando alguien tocó. Dennis se coló por la fuerza y no le importó que la mujer estuviera acompañada por sus tres hijos, quienes ese día no fueron a la escuela. Rader encerró a los niños en el baño y no les hizo daño físico, pero después de un tiempo los pequeños salieron para encontrar a su madre sin vida, y como había adelantado tres años antes en la carta, *BTK* la amarró de pies y manos, la estranguló con una cuerda, la colocó en la cama y le puso una bolsa de plástico para masturbarse en su presencia. De pronto sonó el teléfono y escapó, por eso dejó a los niños vivos.

Jueves 8 de diciembre de 1977. Pasadas las nueve de la noche, Dennis se metió al departamento de la joven Nancy Fox, de 25 años, sin que ella se diera cuenta. Adentro de la propiedad, la amagó, en la cama la ató y tomó sus pantimedias para estrangularla. *BTK* se marchó del lugar y, a la mañana siguiente, el viernes 9 de diciembre, minutos después de las ocho horas, la policía recibió una llamada telefónica. Rader, sin decir que él fue el responsable, se comunicó desde una cabina para proporcionar una dirección y dijo: «Nancy Fox. Encontrarán un homicidio». Cuando llegaron los agentes comprobaron que Nancy estaba muerta, semidesnuda.

EL NOMBRE DE LA MUERTE

Hay que dejar claro que la frase «átalos, tortúralos, mátalos» en inglés se escribe «*Bind'em, Torture'em, Kill'em*», y si tomamos la inicial de cada palabra, entonces se forma el *nombre artístico* de este criminal: *BTK*.

Martes 31 de enero de 1978. El periódico *Eagle-Bacon* recibió nueva correspondencia en la que venía un intento de poema que decía: «Ricitos de Shirley, ricitos de Shirley, marchítense, pero sean míos». La carta no decía el nombre del autor.

Viernes 10 de febrero de 1978. Llegó una misiva a la cadena de televisión KAKE-TV, en la que el *Asesino BTK* se adjudicaba los asesinatos de Shirley Vian y Nancy Fox. El texto reclamaba la atención de los medios y las autoridades. Rader sentía que sus crímenes no les preocupaban y, entre otras cosas, escribió:

> ¿A cuántas personas más tengo que matar para que aparezca mi nombre en los diarios y que sea de importancia a nivel nacional? Después de algo como lo de Fox, regreso a casa y continúo mi vida como cualquier persona. Y así será hasta que me entre de nuevo el *gusanito*.

Agregó:

> Me cuesta controlarme cuando este monstruo entra a mi cerebro: tal vez ustedes puedan detenerlo, yo no. Él ya escogió a su próxima víctima.

Golpe de suerte

Sábado 28 de abril de 1979. Fran Dreier, de 63 años, tuvo el mejor golpe de suerte de su vida. Llegó por la noche a su casa, casi a la medianoche, y encontró su hogar desordenado, con claras muestras de que alguien había entrado a robar. Llamó a la policía, que empezó a investigar. Tiempo después, la señora Dreier recibió un sobre con las joyas que le habían quitado. Ahí también había un dibujo y un poema.

El texto fue escrito por el intruso, quien le decía que estaba muy decepcionado de no haberla encontrado en su casa: «Alégrate por no haber estado aquí, yo sí estaba». Fran se mudó a otra ciudad sin avisar a la policía.

El mismo año, el miércoles 15 de agosto de 1979, los investigadores solicitaron la ayuda de la sociedad para encontrar al *Asesino BTK*. Recordemos que tenían en su poder la grabación de la llamada telefónica que Dennis Rader hizo para denunciar el homicidio de Nancy Fox; entonces, la policía difundió, a través de radio y televisión, la voz del criminal. Tan sólo ese día recibieron cien comentarios de gente que aseguraba saber quién era *BTK*.

Hay que resaltar que desde el crimen de Nancy Fox, en 1977, Dennis Rader no mató a ninguna persona, hasta 1985. ¿Qué hacía entonces? ¿Cómo era su vida?

Desde 1974 hasta 1988, Dennis trabajaba en una compañía encargada de colocar alarmas y sistemas de seguridad en casas y comercios, llevaba una vida normal, en apariencia tranquila y con una conducta intachable. Mantenía una rutina como la de cualquier persona que tiene esposa, dos hijos y es sumamente religioso. Nadie sospechaba el monstruo que era.

Doble vida

La autora del libro *Confession of a serial killer: The untold story of Dennis Rader, the BTK killer,* Katherine Ramsland, explica que Dennis tenía una doble personalidad, por un lado, su *alter ego* asesino al que llamaba el *Minotauro* y, por otro, el señor Rader, al que las personas tenían acceso todos los días, incluyendo su familia; el problema era que cuando Rader caía en lo que él llamaba «la zona oscura», el Minotauro dominaba su apetito para salir de cacería.

Cuando Dennis Rader se convertía en el *Asesino BTK*, no era un tipo visceral ni dominado por la euforia, al contrario, era un hombre calculador, cuidadoso de los detalles para no ser atrapado y poder cometer los homicidios como a él le satisfacía. Las personas a las que elegía no eran víctimas, las llamaba «proyectos» y a los crímenes les decía «éxitos».

El Minotauro

Sábado 27 de abril de 1985. Marina Hedge, de 53 años, fue atacada en su domicilio y secuestrada en la madrugada; la policía la encontró en un lugar alejado de su casa, desnuda, estrangulada, no había sido amarrada como las demás víctimas, pero un par de medias estaban en la escena del crimen.

Martes 16 de septiembre de 1986. Vicki Wegerle, de 28 años, murió estrangulada, había sido atada de pies y manos. Su marido fue quien la encontró cuando él regresó a casa a comer.

El *proyecto* final

De nuevo vino una pausa larga en el actuar criminal del *Asesino BTK*. En esta ocasión de poco más de cuatro años, hasta que en enero de 1991 cometió su último asesinato oficial. La víctima fue Dolores Davis, de 62 años, a quien de la misma forma que a Vicki Wegerle, secuestró en su casa, estranguló y botó debajo de un puente.

La policía nunca avanzó de manera importante en sus investigaciones, sobre todo porque Dennis Rader desaparecía por mucho tiempo, entonces la averiguación se empantanaba. De hecho, si los detectives no hubieran tenido la ayuda involuntaria de Rader para encontrarlo, hoy estaría libre.

En la década de los años noventa, Dennis Rader no generó sospecha alguna, trabajaba para una empresa que se encargaba del control de animales y los vecinos lo señalaban como alguien muy estricto, de hecho, una vecina levantó una queja en su contra por haber sacrificado a un perro sin justificación. Fuera de eso, Dennis estaba lejos de cualquier polémica e investigación. Cumplía con sus obligaciones familiares y religiosas, incluso la policía no lo tenía como un posible sospechoso.

En el año 2004 los agentes policiacos decidieron cerrar el caso. Pero Dennis Rader no permitiría que se olvidaran de él y de su gran trabajo, él quería atención y reconocimiento, que lo tomaran en cuenta y le tuvieran miedo. Entonces, el viernes 19 de marzo de 2004, el *Asesino BTK* envió una carta al *Eagle-Bacon*, con una fotocopia de la licencia para conducir de Vicki Wegerle y fotografías que le tomó cuando la asesinó en su hogar.

Desde entonces, BTK se convirtió en tema de conversación. Agencias de noticias, portales de internet y hasta programas de televisión dedicados a él ensancharon el ego del asesino serial Dennis Rader, quien bajo el escudo de ser un hombre de familia y religioso pasó desapercibido entre la comunidad. Sin embargo, Dennis pecó de arrogante, empezó a dejar pistas retando a la policía para ver si eran capaces de atraparlo después de tantos años.

Pistas en el camino

Cuesta mucho trabajo pensar que Dennis fuera un ingenuo, ya que al haber trabajado en una compañía de seguridad debía saber que las cámaras colocadas en locales y en la vía pública podrían rastrearlo, aún más cuando él mismo había reactivado su búsqueda. Entonces, con su comportamiento se puede deducir que deseaba que lo atraparan. Por ejemplo, en una tienda dejó cajas de cereales con pertenencias de sus víctimas y una cámara del lugar grabó su camioneta. Pero su máximo error fue enviar a la policía un disco de computadora con varios archivos de texto. Los expertos en cibernética fácilmente detectaron que el artefacto se grabó en un equipo de computación propiedad de la Iglesia Luterana de Cristo de Wichita, donde Dennis Rader era presidente del consejo parroquial.

Así, la policía tenía a un sospechoso principal. Después de tantos años, los agentes investigadores estaban muy cerca de atrapar al *Asesino BTK*. Decidieron ser cautelosos y, antes de ir a la Iglesia, vigilaron la casa de Rader, donde notaron que había una camioneta igual a la que registró la cámara de vigilancia donde Dennis dejó las cajas de cereal. No obstante, no se precipitaron. Para confirmar las sospechas, ordenaron a la universidad a donde acudía la hija de Rader que les diera los resultados de una muestra de sangre que la chica dejó como requisito para ingresar a la institución educativa. Entonces, al analizar la muestra, el ADN coincidió con los restos de semen que habían sido hallados en los lugares de los crímenes.

El viernes 25 de febrero de 2005, 31 años después de haber asesinado a la familia Otero, Dennis Rader, *BTK*, fue arrestado; estaba por cumplir 60 años y lejos de mostrar arrepentimiento o fingir que él no había sido, colaboró con la policía. Estaba orgulloso de su obra y de haber sido uno de los asesinos seriales que más tiempo pasó sin ser atrapado. En más treinta horas de interrogatorio, *BTK* contó a detalle los diez crímenes que aceptó haber cometido y renunció a tener un juicio con jurado presente para defenderse y disminuir su condena.

El jueves 18 de agosto de 2005, el juez condenó a Dennis Rader a diez cadenas perpetuas consecutivas, una por cada muerte. Se salvó de ser ejecutado porque la pena de muerte en Kansas se instauró hasta 1994, y el último crimen de Rader fue en 1991. Antes de entrar a prisión, un juez concedió a su esposa Paula la disolución inmediata del matrimonio porque su salud mental estaba en juego.

Ya en la cárcel, el *Asesino BTK* confesó que en octubre del 2004 planeaba realizar un asesinato más, su obra maestra, la cereza al pastel, su joya de la corona. Mutilaría a una mujer, la colgaría e incendiaría su casa. De hecho, tocó a la puerta de la elegida, pero vio a un grupo de gente adentro y abortó el plan.

El único dolor para Dennis Rader fue el abandono de su familia. Tanto Brian como Kerri, sus hijos, decidieron no visitarlo en prisión. La joven declaró en una ocasión: «La he pasado mal por los treinta años de mierda que mi padre le dio a este pueblo y las terribles cosas que les hizo a sus víctimas. Las mujeres andaban con miedo. Mi propia madre también. Pero ya lo he perdonado, no por él, lo he hecho por mí».

BTK jamás confesó ser el *Zodiaco* y pienso que si hubiera sido él, con orgullo lo habría aceptado.

PSICOPATOLOGÍA

Un psicópata no tiene que derivar necesariamente en un asesino en serie, aunque un asesino en serie sí puede ser un psicópata. El psicópata es propenso a violar las normas sociales debido a un serio trastorno de personalidad, hasta tal punto que no existe un tratamiento eficaz para lograr su reintegración a la sociedad. Según el investigador Garrido Genovés, el psicópata es un *camaleón*, y destaca por su habilidad para el camuflaje, evitar emociones humanas, su falta de preocupación por los demás, su crueldad e insensibilidad.

JACK EL DESTRIPADOR

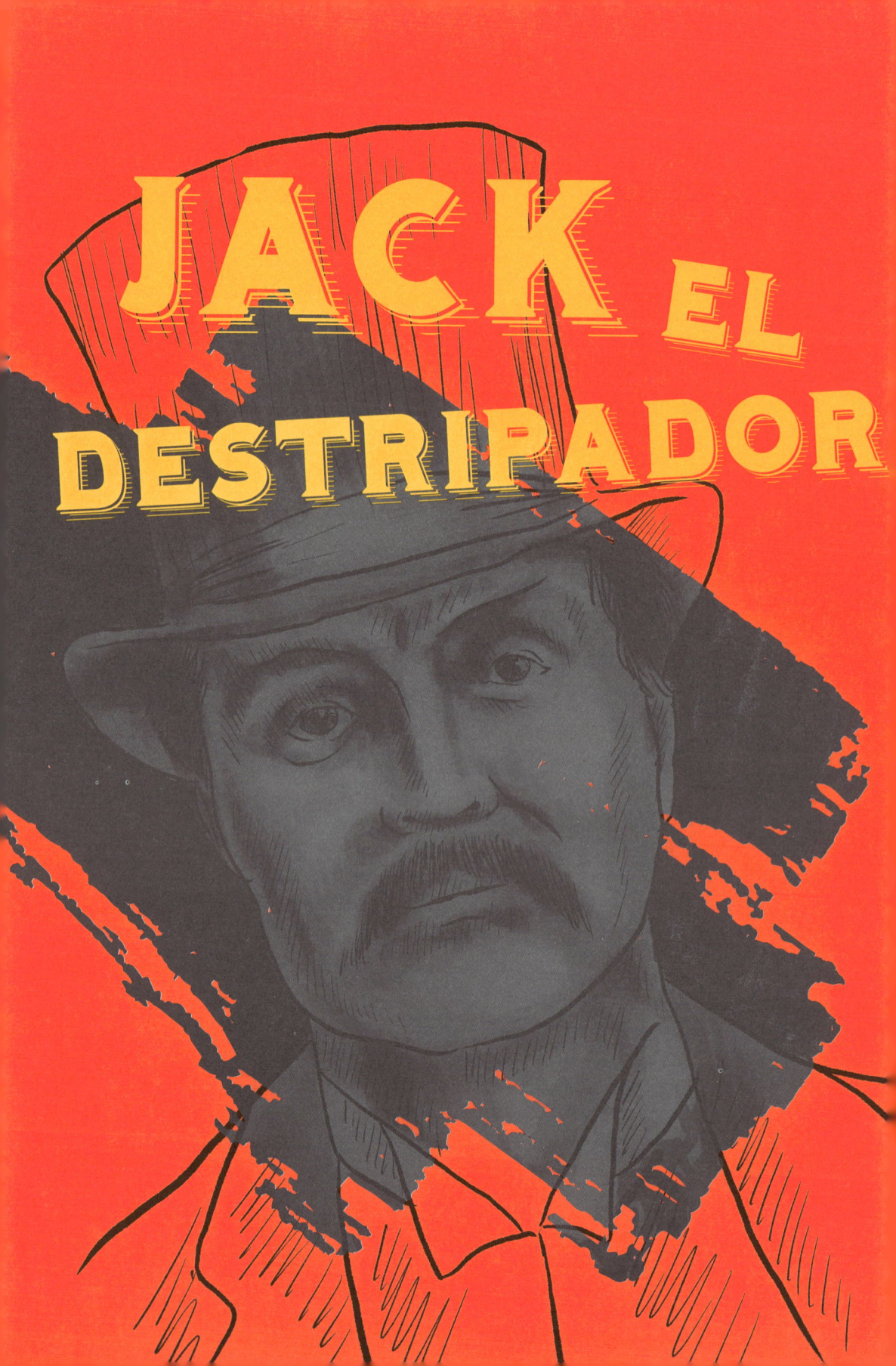

Domingo 30 de septiembre de 1888. Catherine Eddowes fue encontrada muerta en una calle de la vieja Londres, Inglaterra. La mujer humilde, de 46 años y madre de tres hijos, llevaba un tatuaje con las iniciales T. C., de su primer gran amor: Thomas Conway. A las ocho de la noche del 29 de septiembre fue detenida por estar ebria y llevando a cabo movimientos lascivos en la vía pública, rodeada por hombres. La arrestaron para cuidarla y esperar a que estuviera sobria. Así, alrededor de la una de la mañana del 30 de septiembre, fue liberada. Cuarenta y cinco minutos después, el policía Edward Watkins la encontró tirada en el suelo, mutilada, en un gran charco de sangre, con su ropa levantada por encima de la cintura. El asesino le cortó la garganta, le abrió el pecho y el abdomen, le extirpó el riñón del lado izquierdo y le sacó el útero. Cerca del lugar donde murió Catherine, se halló una prenda de ella con manchas de sangre junto a un letrero escrito con gis, cuyo mensaje culpaba de los asesinatos, atribuidos a *Jack el Destripador*, a una persona de la comunidad judía; uno de los oficiales que llegó al lugar decidió borrar el escrito para evitar un brote de violencia, con lo que se perdió una pista o prueba potencial para ayudar en la investigación del asesino en serie. Catherine fue la cuarta víctima a manos del *Destripador*. En fechas más recientes, cobró importancia en la investigación para determinar la identidad de *Jack*.

Su majestad asesina

Jack a través del tiempo

En el 2007, el escritor Russell Edwards logró que el doctor Jari Louhelainen, un especialista en genética, obtuviera información del ADN de una prenda tipo delantal —o quizá un chal— de Catherine Eddowes, el cual se encontró con manchas de sangre cerca de la escena del crimen; de esa ropa que nadie lavó, Louhelainen obtuvo material genético de dos personas distintas, lo que hizo suponer que una muestra pertenecía a la víctima y la otra al asesino. Después buscó a familiares vivos de los sospechosos señalados en el siglo XIX.

Louhelainen dio con Matilda, pariente británica de la hermana de Aaron Kosminski, uno de tantos hombres señalados. Ella colaboró y, tras un primer análisis, el ADN hallado en la prenda coincidió en 99 por ciento con el de Matilda, y en una segunda prueba coincidió al cien. Así, este científico se atrevió a afirmar que *Jack el Destripador* y Aaron Kosminski eran la misma persona.

¿Por qué Aaron estaba en la lista de sospechosos?

¿Qué pasó con Aaron?

En el libro de Russell Edwards, *Identificando a Jack el Destripador*, se apunta que de acuerdo con registros del hospital psiquiátrico al que ingresó Kosminski en 1891, el hombre de origen polaco, padecía esquizofrenia, paranoia, alucinaciones y se masturbaba en exceso.

KOSMINSKI

Tenía 23 años cuando se cometieron los cinco asesinatos. Trabajaba como peluquero. Una persona aseguró haberlo visto en una de las escenas del crimen, esto, más las herramientas que manejaba en su oficio, hicieron que fuera visto con recelo. Sin embargo, nunca hubo una prueba en su contra.

¿Podemos decir con certeza que él era *Jack El Destripador*? No.

Para muchos investigadores y fanáticos de la historia, es un caso sin resolver. Por ejemplo, la doctora de origen español, Amaya Gorostiza, opinó en 2014, después de leer el libro de Russell Edwards, que los análisis del doctor Louhelainen presentaron errores de nomenclatura y probabilidades, por lo que ella no los aceptó como válidos.

Así, revisemos el expediente del asesino serial por excelencia, el ícono de los criminales en serie, el principal postulante para asegurar que los crímenes perfectos sí existen. Tengamos precaución, porque vamos a entrar al infierno de *Jack*.

Mujeres en la oscuridad

En el año 1888, Whitechapel, al este de Londres, era uno de los barrios más pobres; de hecho, lo consideraban el peor lugar para vivir, trabajar o simplemente caminar. Sus calles estaban casi en tinieblas durante la noche debido a que las lámparas de gas del vecindario apenas servían como una lúgubre decoración. El olor callejero lo producía la combinación de mierda que dejaba el ganado y los desechos humanos que circulaban por un pésimo sistema de drenaje, llegando hasta la vía pública.

Vivir en Whitechapel era una muerte lenta. Era como visitar un piso del averno, poblado por mujeres y hombres cuyo pecado principal fue haber sido pobres.

Se calcula que alrededor de mil doscientas prostitutas buscaban sobrevivir en este barrio, cobrando apenas lo suficiente para comer. Mujeres a quienes no les quedó de otra más que vender sus cuerpos, exponiéndose a todo tipo de abusos, e incluso arriesgándose a morir. No era raro que una prostituta fuera asesinada, lo extraño era que alguien le diera importancia. No sorprendía que una meretriz terminara sin vida, tampoco que varias de ellas fueran ultimadas con la saña que sólo un monstruo podría ejercer.

Una sombra asesina

Viernes 31 de agosto de 1888. Eran las tres con cuarenta de la mañana cuando el carretero Charles Cross se dirigía hacia su trabajo y notó un bulto en la calle, como una lona que pensó recoger, pero al acercarse se dio cuenta de que era una mujer tirada, muerta, o al menos borracha. Tras él llegó Robert Paul, otro carretero, y ambos quedaron sorprendidos sin saber qué hacer o cómo ayudar. Charles tocó el rostro de la mujer, que estaba acostada con las piernas abiertas y la falda hasta la cintura. Charles dijo que se sentía tibia. Robert le tocó el pecho y pensó que respiraba levemente. Discutieron sobre si movían el cuerpo, pero, temerosos de que los implicaran o de que se retrasaran para acudir a su trabajo, tan sólo le bajaron la falda hasta las rodillas y acordaron avisar al primer policía que vieran.

Poco tiempo después llegó a la escena del crimen el policía John Neil, quien pidió ayuda, pero nada se podía hacer. El cuerpo de la mujer estaba tibio y se calculó que no tenía ni dos horas de haber sido atacada, y las heridas hechas en el cuello, a punto de decapitarla, fueron la causa de la muerte de Mary Ann Nichols.

Mary Ann tenía 43 años cuando fue asesinada, era madre de 5 hijos, los cuales vivían con su padre debido a que se separaron, en parte por el alcoholismo de la mujer. Ella empezó a trabajar como prostituta por el año de 1882 para poder comer, y a veces trabajaba como sirvienta, pero su adicción a la bebida siempre le causó problemas, incluso la llevó a ser acusada de robo.

Saña

Sábado 8 de septiembre de 1888. A las 5:30 de la mañana, Elizabeth Long pasó por una calle donde vio a una mujer con un hombre; platicaban, él le hacía una propuesta para estar juntos, ella aceptó. Treinta minutos más tarde, otro vecino de la zona encontró el cuerpo mutilado de Annie Chapman, de 45 años. Ella tuvo tres hijos, pero la mayor murió de meningitis en 1882, y eso la llevó a una profunda depresión que trataba de aliviar con alcohol. Se divorció y tuvo varias parejas, sin embargo, para mantenerse económicamente hacía trabajos de costura y vendía flores artificiales, actividades que combinaba con la prostitución. Tenía dos clientes recurrentes: Ted Stanley y otro llamado Harry, pero ninguno de los dos fue señalado como el culpable del homicidio de Annie, asesinato con características similares al de Mary Ann Nichols, es decir, presentaba dos cortes en la garganta, fue apuñalada en el vientre y le arrancaron el útero.

Entre este asesinato y el siguiente, el criminal envió una carta a la Agencia Central de Noticias de Londres, con fecha del martes 25 de septiembre de 1888. Parte del texto, escrito con tinta roja, decía:

> Querido jefe, desde hace días oigo que la policía me ha capturado, pero en realidad todavía no me ha encontrado. No soporto a cierto tipo de mujeres y no dejaré de destriparlas hasta que haya terminado con ellas. El último es un magnífico trabajo, a la dama en cuestión no le dio tiempo de gritar. Me gusta lo que hago y estoy ansioso de empezar de nuevo; pronto tendrá noticias mías y de mi gracioso jueguito. *Jack el Destripador*.

Esta carta fue remitida dos días después a Scotland Yard.

Sed de muerte

Domingo 30 de septiembre de 1888. Elizabeth Stride fue vista por varias personas en compañía de un hombre. La pareja mantenía arrumacos subidos de tono, pero nada como para ser detenidos por el policía William Smith, quien los observó. Elizabeth había bebido desde la tarde del día anterior, pues tenía problemas con el alcohol desde 1884, cuando murió su exesposo. Ella nació en Suecia, donde estaba registrada como prostituta y varias veces fue admitida en distintos hospitales para tratarse de enfermedades venéreas. En Londres combinaba el *oficio* con el empleo de recamarera, pero cada vez que le pagaban salía a un bar y después se enredaba con algunos hombres, así como sucedió la madrugada del 30 de septiembre. A la una de la mañana fue descubierto su cadáver con un profundo corte en el lado izquierdo del cuello.

Al hacer el recuento de los asesinatos de *Jack*, el de Elizabeth Stride fue puesto en duda, pues se pensaba que había sido otra persona y no el *Destripador*, porque no presentaba otras lesiones en el abdomen; sin embargo, otros piensan que Elizabeth Stride no fue apuñalada y desmembrada porque el asesino fue interrumpido o sintió que iba a ser descubierto.

Menos de una hora después de la muerte de Elizabeth Stride, fue encontrada muerta la cuarta víctima de *Jack*: Catherine Eddowes, cuyas heridas mortales fueron descritas al inicio de este capítulo. Algunos analistas sugieren que el *Destripador* mató a Catherine para saciar su sed de sangre al no poder descuartizar, con su sello, a Elizabeth Stride.

Saucy Jack

El lunes 1 de octubre de 1888, de nuevo llegó una carta, mejor dicho, una postal, a la Agencia Central de Noticias de Londres. Es conocida como la «postal Saucy Jack». Entre otras cosas, el firmante escribió:

> … mañana tendrá noticias sobre el trabajo de Saucy Jack; esta vez un doble evento. La primera de ellas lloró un poco y no terminé. No tuve tiempo de quitarle las orejas para la policía. *Jack el Destripador.*

Es importante señalar que el texto coincidió con el doble asesinato del 30 de septiembre de Elizabeth Stride, a quien sólo le cortó el cuello, y de Catherine Eddowes, a quien lesionó una de sus orejas. Con el tiempo se anuló la postal como una prueba, porque la fecha de la misma era de un día después de los crímenes y alguien pudo haber filtrado la información del doble homicidio a quien escribió.

Desde el infierno

Hubo una tercera carta, enviada el lunes 15 de octubre de 1888. Esta misiva fue identificada como «Desde el infierno», porque así iniciaba el texto que se leía así:

> Desde el infierno. Señor Lusk, les envío la mitad del riñón que tomé de una mujer, preservado para ustedes. La otra pieza la freí y comí, fue muy agradable. Quizá les envíe el cuchillo ensangrentado... Atrápenme cuando puedan.

De este envío hay que resaltar que efectivamente a Catherine Eddowes le arrancaron un riñón, pero los especialistas de la época argumentaron que el órgano enviado con la carta pudo ser de alguien más, pues entonces no había posibilidades de estar seguros si era de la víctima.

Sin corazón

Viernes 9 de noviembre de 1888. Eran las 10:45 de la mañana cuando un hombre tocó a la puerta del número 13 de la calle Miller's Court. Allí habitaba Mary Jane Kelly, una mujer irlandesa, quien se convirtió en prostituta a los 19 años, en el mismo tiempo en el que su marido falleció. En 1886 se mudó a Londres, donde empezó a vivir en pareja con un tipo de nombre Joseph Barnett, quien la dejó cuando se enteró de que había regresado a ejercer la prostitución. Mary Jane, al igual que las otras víctimas del *Destripador*, bebía en exceso y, en general, arrastraba la vida con ganas de que alguien la salvara. Después de llamar varias veces a la puerta de la habitación de Mary Jane, Thomas Bower, quien fue enviado a cobrarle la renta atrasada, se asomó por la ventana y descubrió que Mary Jane Kelly había sido destrozada. Su asesino la cortó desde la garganta hasta la espalda baja, le arrancó todos los órganos abdominales y la despojó del corazón.

Sospechas

¿Quiénes fueron los sospechosos, quienes pudieron ser *Jack*? Además de Aaron Kosminski, de quien hablamos al iniciar el recuento sangriento del *Destripador,* hubo más, varios más; muchos más. Algunos de ellos fueron:

CANÓNICOS Y APÓCRIFOS

Hasta aquí la lista oficial de las cinco víctimas atribuidas a *Jack el Destripador*, las canónicas; no obstante, la policía, los medios de comunicación y los habitantes de Whitechapel sospecharon que estuvo involucrado en al menos once asesinatos, siendo las otras seis víctimas Emma Smith, Martha Tabram (estas dos antes de Mary Ann Nichols), además de Rose Mylett, Alice McKenzie, Frances Coles y finalmente otra mujer a la que no lograron identificar (estas cuatro después de Mary Jane Kelly). Pero los que defendieron que sólo mató a cinco argumentaron que las otras fueron asesinadas por personas que se aprovecharon del terror causado por *Jack* o individuos que intentaban copiar su *modus operandi*.

John Pizer *Leather Apron* (delantal de cuero). Era un hombre que amenazaba a prostitutas con un cuchillo que ponía en sus torsos y les decía que si no le daban dinero, les arrancaría las costillas. Pizer fue detenido el lunes 10 de septiembre de 1888, y aunque los asesinatos continuaron a lo largo del mes, el hombre del delantal de cuero fue interrogado por las muertes de *Jack*.

Montague John Druitt. Fue abogado en una familia llena de reconocidos médicos y esa circunstancia fue una de las razones por la que sospecharon de él, ya que tenía acceso a herramientas quirúrgicas y a posibles conocimientos para hacer cortes en el cuerpo humano. Además, su muerte por suicidio coincidió con el último asesinato atribuido a Jack.

Michael Ostrog. Un médico de origen ruso con problemas de personalidad. Hay que explicar que, durante la investigación, los agentes policiacos decidieron buscar en manicomios algún paciente que pudiera coincidir con los rasgos que imaginaban de *Jack,* pero Michael nunca tuvo antecedentes de violencia y, sobre todo, en el periodo de los asesinatos él estuvo recluido en un manicomio en Francia.

George Chapman. De origen polaco, cuyo nombre real era Severin Klosowski, catalogado como asesino serial por matar a sus tres esposas. Con 23 años llegó a Whitechapel con conocimientos rudimentarios de medicina y empezó a trabajar como asistente de peluquero. Con una de sus mujeres emigró a Estados Unidos y su cambio de residencia coincidió con el cese de los asesinatos de *Jack,* por eso cuando regresó a Londres y comenzó a matar a sus parejas, al ser detenido lo colocaron como una posibilidad de haber sido el descuartizador.

Se calcula que hubo más de cien sospechosos de ser Jack *el Destripador.* Las primitivas técnicas de investigación criminalística, el morbo enriquecido por los medios de comunicación y el interés malsano de la gente contribuyeron a que las pesquisas se fueran por todos lados y hacia muchas personas.

Realeza homicida

Otro sospechoso fue el médico de la familia real británica, el doctor William Gull. La razón respondería a que el nieto de la reina Victoria, Alberto Víctor, gustaba de enredarse con mujeres plebeyas del este londinense, pero la preocupación mayor era el rumor de que Alberto se había casado en secreto con Annie Elizabeth Crook, una dependienta de Whitechapel, y no sólo eso, se decía que estaba embarazada.

Al parecer, la familia real envió a un manicomio a la joven y la niña que nació fue dada en adopción a una de las amigas de Annie Crook, nada más y nada menos que a Mary Jane Kelly, la quinta y última víctima de *Jack*.

Si esto hubiera sido verdadero, ¿por qué matarían a Mary Jane Kelly? Bajo esta teoría, ella habría querido extorsionar a la realeza, entonces la mandaron a matar al igual que gente cercana a ella que supiera del tema, es decir, a las otras cuatro prostitutas.

Una hipótesis más apuntó a Francis Tumblety, un irlandés que se hacía pasar por médico. Él llegó a vivir al este de Londres procedente de Estados Unidos y desapareció después del asesinato de la última mujer. Aparentemente, escribió una carta en 1913 cuyo texto fue analizado por una grafóloga contratada por Scotland Yard, y la especialista encontró varios rasgos que se parecían mucho a la caligrafía del autor de las cartas de Jack. A Tumblety también lo caracterizaba cierto odio hacia las mujeres, pero nunca se pudo establecer que fuera el *Destripador*.

Así, han pasado décadas, más de un siglo, y la identidad de *Jack el Destripador* no se conoce.

Todo queda en teorías y sospechas. Incluso, no son pocos los que argumentan que *Jack* no existió, al menos no como asesino serial, que tal vez, después del primer homicidio, algunos quisieron copiarlo luego de ver el revuelo que causó entre la prensa. Es decir, asesinos sedientos de fama impulsados por periódicos con hambre de ventas.

Lo cierto es que *Jack el Destripador* vive en la cabeza de todos nosotros, está escondido entre nuestros recuerdos y cuando creemos que ya se fue, nos asalta de nuevo con una nueva teoría para asegurar su lugar como el maestro de todos los condenados al infierno.

SCOTLAND YARD

La Policía Metropolitana de Londres, mejor conocida con el nombre de Scotland Yard, es una de las instituciones policiacas más afamadas del mundo, gracias a la literatura y al cine. Su apodo deriva de su primera cede, ubicada en Whitehall Place 4, y que contaba con una puerta trasera que daba a la calle Great Scotland Yard, cerca de la embajada de los reyes escoceses. Su gran eficacia está sustentada en personajes como el Sherlock Holmes de Arthur Conan Doyle, o el detective Hercule Poirot de Agatha Christie, aunque dejaron ir a *Jack*.

Sergio Sepúlveda

GOYO CÁRDENAS

André Breton fue considerado el fundador del surrealismo, un movimiento artístico cuyo fundamento básico era romper las cadenas del pensamiento lógico. En 1938, Breton visitó México y dejó para la posteridad la siguiente idea: «No intentes entender a México desde la razón, tendrás más suerte desde lo absurdo; México es el país más surrealista del mundo».

Poco menos de 40 años después de la visita de Breton, el jueves 23 de septiembre de 1976, sucedió un gran ejemplo del surrealismo de México. Ese día, Gregorio Cárdenas recibió un homenaje en la Cámara de Diputados, donde los legisladores le aplaudieron de pie. Así fue, ovacionaron a quien fue conocido como el *Estrangulador de Tacuba*, el más famoso asesino serial de México. Aquí su expediente.

Estrangulador de Tacuba

Travesuras de niño

Domingo 6 de septiembre de 1942. La policía de la Ciudad de México recibió la llamada de un padre de familia que reportaba la desaparición de su hija. El hombre daba cuenta de que la última noticia que tuvo fue que ella estuvo con un compañero de la universidad de nombre Gregorio Cárdenas Hernández. De cariño le decían *Goyito,* y muchos lo consideraban un joven ejemplar, respetuoso, inteligente, que no se metía con nadie.

Gregorio nació en 1915, fue el menor de diez hijos procreados por Gregorio Cárdenas (padre) y la señora Vicenta Hernández, en Córdoba, Veracruz. De niño fue un dolor de cabeza para los maestros, su conducta era mala y siempre lo reportaban por molestar a sus compañeras, pero todo quedaba en las travesuras de un niño.

Con tantos hijos, el dinero no sobraba en casa, pero sus padres cumplían con lo básico, aunque las cosas se complicaron después de que el jefe de familia los abandonó. Entonces, la familia se mudó a la Ciudad de México y llegaron a vivir al barrio de Tacuba. Desde ese tiempo, doña Vicenta, la madre de Gregorio, consolidó una relación más cercana con su hijo menor, tal vez porque *Goyo* era el más chico, quizá porque era muy inteligente o por el mismo abandono del marido.

Gregorio Cárdenas fue un niño precoz, que inició su vida sexual con sólo 11 años. Se dice que fue sorprendido con una amiga, a quien le pagó para que lo dejara tocarla; tiempo después se relacionó con Gabina González, con quien tuvo intimidad, entonces los padres de la joven exigieron que se casara con ella, y así fue; sin embargo, el matrimonio no funcionó, entre otras cosas porque ella le fue infiel. La joven pareja se divorció, pero eso caló hondo en la personalidad de Goyo, quien se sintió despreciado, y eso abonó la semilla del odio o resentimiento hacia las mujeres.

CHICO LISTO

Gregorio Cárdenas ingresó a estudiar Ciencias Químicas; su cociente intelectual lo ayudó a destacar como un gran alumno, incluso ayudaba a sus compañeras a estudiar, jóvenes que estimaban a *Goyo* por su amabilidad y calidez y que iban a su casa con confianza. Además de sobresalir en la carrera, el chico tenía conocimientos de inglés y taquimecanografía, es decir, era un alumno muy completo.

Sergio Sepúlveda

Mal de amores

Sin desentenderse de su madre, Gregorio Cárdenas era un tipo independiente. Con el dinero que empezó a ganar en Petróleos Mexicanos se fue a vivir solo a la casa marcada con el número 20 de la calle Mar del Norte, en Tacubaya; en esa vivienda instaló un pequeño laboratorio de química en una habitación, pero no sólo eso, también se compró un coche, y quien lo conocía, se enteraba de que le gustaba la poesía de Sor Juana Inés de la Cruz y practicaba piano y violín; era un buen partido, excepto físicamente. Las mujeres rechazaban tener una relación con él más allá de la amistad y eso lo lastimaba.

¿Cómo lidiaba Gregorio Cárdenas con ese tema, con el rechazo de las mujeres? Se relacionaba con prostitutas, de manera más frecuente con María de los Ángeles Gonzáles, de 16 años, quien se hacía llamar *Bertha*. *Goyo* comenzó su cacería con ella.

Sábado 15 de agosto de 1942. Por la noche, Goyo recogió en la calle a Bertha y la llevó a su casa, algo que hacía de manera frecuente. Tuvieron relaciones sexuales y antes de la medianoche la joven pasó al baño. Gregorio Cárdenas aprovechó ese momento para someterla y estrangularla con un cordón. Luego llevó el cuerpo hasta el pequeño jardín de la casa y lo enterró. Ese día, cuando *Bertha* subió al auto de *Goyo* le dijo a una compañera de oficio que él la llevaría de paseo a Guadalajara, nunca imaginó que su destino sería otro.

Compulsión

Domingo 23 de agosto de 1942. Mismo *modus operandi*. *Goyo* tomó su auto y fue en busca de una meretriz que le satisficiera la lujuria y la sed criminal. Llevó a su casa a Raquel Martínez de León, quien después de acostarse con él se puso a husmear en la biblioteca del asesino, quien la estranguló con la misma cuerda larga con un nudo en medio. De nuevo la enterró en el jardín.

Sábado 29 de agosto de 1942. Gregorio Cárdenas eligió a otra prostituta: Rosa Reyes, su tercera víctima en menos de 15 días. La mujer caminaba por el laboratorio que tenía *Goyo* en la vivienda y ahí la atacó. Aun cuando Rosa se defendió, murió, y en plena madrugada el estrangulador la enterró al lado de las otras dos.

Gregorio Cárdenas no podía parar. En lugar de que un crimen lo saciara y dejara de matar, o que lo hiciera en lapsos más espaciados, cada asesinato ocurría más pronto. El último llegó cuatro días después.

El loco de mamá

Miércoles 2 de septiembre de 1942. No fue una prostituta, sino una estudiante. Graciela Arias era una joven que apreciaba a *Goyo*; él la cortejaba, pero no había más que amistad; no era correspondido. Ese día, Gregorio llevó a Graciela a su casa, pero antes de que bajara del coche discutieron porque ella rechazó sus aproximaciones, eso motivó la ira de Gregorio, quien zafó una manija del auto y la usó para golpear la cabeza de Graciela hasta que la mató.

Era la primera vez que el estrangulador no estrangulaba, pero, eufórico, trasladó a Graciela a su cementerio particular. Algunos relatos dicen que tuvo sexo con el cadáver varias veces antes de enterrarlo. Gregorio fue con su madre para contarle lo que había hecho. Doña Vicenta le aconsejó que se internara en un psiquiátrico, alegando locura para cuando llegara el momento de defenderse. Así lo hizo Gregorio.

Mientras tanto, el padre de Graciela denunció la desaparición de su hija, pero nunca sospechó de *Goyo*, sin embargo, los policías fueron al domicilio de Cárdenas porque él fue la última persona con la que se vio a la joven. Cuando llegaron al domicilio no encontraron a nadie que abriera.

Los policías lo buscaron y se enteraron de que *de pronto* el joven modelo había perdido la razón, entonces fueron a interrogarlo al psiquiátrico. Cuando le preguntaron sobre Graciela, *Goyo* se hizo el loco, literal. Les dijo a los investigadores: «Yo soy un inventor, soy el hombre invisible y puedo desaparecer gente». Luego les mostró unos trozos de gis que tenía en sus manos y aseguró que esos gises eran las píldoras que lo ayudaban a ser invisible. El agente no se comió el cuento y, después de insistir, logró que *Goyo* confesara que había asesinado a su amiga y frustrado amor.

Sacaron a *Goyo* del psiquiátrico y lo condujeron a su domicilio. Ahí, el *Estrangulador de Tacuba* les mostró dónde enterró los cuerpos de sus cuatro víctimas. No fue una búsqueda exhaustiva, porque cuando entraron a la vivienda, todos notaron cómo se asomaba un pie en descomposición.

Otras versiones dicen que el policía entró sin *Goyo* y que los acompañaba el padre de Graciela. Ya en el interior se encontraron con un departamento desordenado y sucio, pero el papá de la chica reconoció un pañuelo y un espejo de su hija. No obstante, no hallaron el cuerpo, aunque sí aumentaron las sospechas hacia Cárdenas. Entonces, un agente regresó al domicilio para registrarlo de nuevo, y en el patio notó un montículo de tierra suelta, con moscas volando encima. Al removerlo encontró un pie.

Lo cierto es que *Goyo* aceptó ser el asesino de las cuatro chicas, y cuando le preguntaron por qué lo había hecho, contestó que odiaba a las mujeres.

Palacio Negro

Cuando se dio a conocer la historia de Cárdenas, no faltaron las especulaciones. Una de ellas decía que era impotente y, para aliviar su frustración, mató a las jóvenes; otra señalaba que tenía delirios de Frankenstein y había matado a las cuatro con la intención de regresarlas a la vida.

Confeso, Gregorio Cárdenas fue ingresado a la penitenciaría de Lecumberri, residente en el pabellón de los locos y en la celda número 16. Su sentencia: 40 años de prisión. El primer libro de tres que escribió *Goyo* Cárdenas se tituló *Celda 16* (1970), y en él relató la depresión en la que cayó al ser encarcelado. Dice: «Yo tengo mis convicciones y un espíritu fuerte y demostraré que soy capaz de emular al ave fénix». Los otros dos libros de su autoría se titularon *Pabellón de locos* (1973) y *Adiós, Lecumberri* (1979).

Ya preso y sentenciado, empezó la parte de la historia que hace sobresalir la historia de *Goyo* de entre todos los asesinos mexicanos.

La Casta

Aunque en un principio Gregorio Cárdenas aceptó ser el *Estrangulador de Tacuba,* dos años después su defensa alegó demencia. Con eso, los abogados lograron trasladarlo al manicomio de La Castañeda para que recibiera atención psiquiátrica. En ese lugar, entre otros estudios, los especialistas necesitaban comprobar si *Goyo* estaba enfermo o sólo fingía, también debían estar seguros de que *Goyo* no recordaba los asesinatos que cometió, como el criminal empezó a alegar.

En La Castañeda, sometieron a Cárdenas a una prueba en la que le inyectaron pentotal sódico, luego le acercaron al cuello una soga como las que usó en sus crímenes, el doctor le preguntaba si recordaba para qué servía esa cuerda, entonces *Goyo* comenzó a gritar, asegurando que él las había asesinado y rogaba porque le alejaran la soga. Algo similar hacían con una pala y le recordaban que la usó para cavar las fosas. Con eso, el asesino aceptó, de nuevo, su culpabilidad.

Goyo se quedó ahí, en La Castañeda, lugar terrible de acuerdo a las crónicas de la época, pero él supo ganarse la simpatía de los internos y de los que laboraban ahí. Incluso le permitían asistir a pláticas impartidas por los psiquiatras de la institución. Digamos que aprovechó su estancia para aprender conceptos de salud mental que podrían servirle para su defensa, o simplemente para fingir que padecía algún trastorno.

Si bien físicamente no era atractivo, su carisma siempre estuvo intacto, eso le valió establecer ciertas relaciones sentimentales con enfermeras del lugar. Incluso, hay quienes dicen que Cárdenas obtenía permisos para salir al cine con su novia en turno y luego regresaba al manicomio. De ser *Goyo* Cárdenas, el *Estrangulador de Tacuba,* en el manicomio lo llamaban con cariño, *Goyito.*

Aprovechando esa confianza, el jueves 25 de diciembre de 1947, se fugó con otro interno y llegaron hasta Oaxaca, pero 20 días después fue reaprehendido y con cinismo dijo que no escapó, sino que sólo se había tomado unas vacaciones.

De vuelta a casa

En 1948, Gregorio Cárdenas fue trasladado de La Castañeda a Lecumberri, y de nuevo ingresó al temido Palacio Negro. En la cárcel no cambió su comportamiento cálido, mantuvo una conducta intachable y se ganó el aprecio de sus compañeros y de las autoridades.

En Lecumberri, Gregorio recibía sólo la visita de su madre, quien le llevaba libros y en una ocasión le dio un pequeño órgano para que lo pudiera tocar en prisión. Doña Vicenta iba sola al principio, pero después la acompañaba una mujer llamada Gerarda Valdés, con quien el homicida se casó y tuvo cuatro hijos.

Ave fénix

En la cárcel le permitieron montar una tienda de abarrotes que le dio el dinero necesario para mantener a su esposa e hijos. Y no sólo eso, también escribió libros y hasta historietas con las *aventuras* de su compañeros de prisión. Así, preso y a la distancia sostenía a su familia, que lo amaba y lo apoyó en su estancia penitenciaria.

Inteligente y estudioso, se dice que *Goyo* Cárdenas aprendió Derecho, pero otras versiones aseguran que sólo sabía redactar un tipo de documento para promover la libertad de algún preso. Hay que explicar que en Lecumberri había muchos reclusos que ya habían rebasado el tiempo de su condena, pero para salir necesitaban un escrito como el que Cárdenas aprendió a redactar, entonces, como muchos reos obtenían su libertad después de pagar los servicios de *Goyo*, se empezó a decir que Cárdenas terminó siendo abogado. Hay que resaltar que el *Estrangulador de Tacuba* sí obtuvo un certificado del Instituto Didáctico de Derecho por haber complementado un curso.

Como haya sido, Gregorio Cárdenas era muy popular en Lecumberri, situación que capitalizó, ya que su familia solicitó al presidente de México en turno, Luis Echeverría, que intercediera, y lo consiguió. El miércoles 8 de septiembre de 1976, Gregorio Cárdenas salió de la cárcel, gracias al indulto presidencial, motivado por la fama de cerebrito y generosidad que lo acompañaba en prisión.

Hombre ejemplar

Como lo relaté al inicio del capítulo, menos de 20 días después *Goyo* fue llevado a la Cámara de Diputados como un ejemplo de readaptación, el modelo de sujeto rehabilitado. La invitación se la hizo el secretario de gobernación en turno, Mario Moya Palencia, quien así habló del exconvicto:

> A mí, me es particularmente grato que hoy, en esta sesión esté aquí acompañándonos un hombre que hace más de 30 años cometió varios delitos contra la sociedad, que se mantuvo hasta hace unos días en prisión, después de muchas vicisitudes que tuvo su proceso, después de haberse enfrentado con los problemas de las viejas ideas y también con las nuevas ideas regeneradoras de la readaptación social, logró transformarse a sí mismo, readaptarse socialmente, rehízo su vida, terminó sus estudios de medicina, hizo estudios de abogacía, escribió varios libros, fundó y desarrolló una familia, y cuando al fin transformada su vivencia psicológica y establecido su equilibrio interno y social, la propia sociedad consideró que se había readaptado y que era la hora de abrirle las puertas de la prisión, ha salido por ellas a hacer una nueva vida y reinstalarse en el servicio de su colectividad. Me da gusto que esté aquí entre nosotros: Gregorio Cárdenas Hernández.

Cuando salió de prisión, vistió de traje y corbata, lo esperaban su esposa y sus cuatro hijos; juntos fueron a dar gracias a la virgen de Guadalupe, todos orgullosos de Cárdenas, pero su madre ya no vivía.

> ### ADIÓS, MAMÁ
>
> Cuentan que cuando murió doña Vicenta, *Goyo* se la pasó arrodillado casi una semana en el interior de su celda. Al ser liberado, Gregorio Cárdenas tenía más de 60 años, de los cuales, 34 los pasó recluido. Hay quienes señalan que fue un error de su defensa declararlo demente, porque a los locos se les encerraba de por vida, según el Código Penal de 1942; y si él hubiera enfrentado su proceso sin alegar locura, no habría rebasado los 20 años preso.

Pasado de listo

¿Y estaba loco, o no? Fue constante dentro y fuera de la cárcel. Después de tantos estudios, algunos especialistas determinaron que la conducta asesina de *Goyo* tuvo origen en su infancia, cuando tenía entre 4 y 5 años, al ser víctima de una epidemia de encefalitis en Veracruz que le afectó parte del sistema nervioso central y que por décadas le produjo fuertes dolores de cabeza.

Sin embargo, años después, luego de ser exonerado, *Goyo* declaró que era mentira todo lo que había en su expediente clínico, alegó que jamás padeció esquizofrenia, psicopatía, epilepsia, paranoia o síndrome demonopático de doble personalidad. También se declaró inocente de todos los crímenes y argumentó que su encarcelamiento respondió a una venganza política por haber sido *lidercillo* en Petróleos Mexicanos después de la expropiación.

Gregorio Cárdenas Hernández, el *Estrangulador de Tacuba*, murió el lunes 2 de agosto de 1999. Tan odiado y tan amado. Tan astuto para aparentar locura o tan loco para parecer cuerdo. Tan asesino como tan padre de familia ejemplar. Tan mexicano como surrealista.

ASESINOS MEXICANOS

Si bien el Estrangulador de Tacubaya en el asesino serial más famoso, esta deshonrosa lista nacional es vasta, por mencionar a algunos, podemos citar a Francisco Guerrero, el *Chalequero*; Guadalupe Martínez de Bejarano, *la Terrible*; Felícitas Sánchez, la *Descuartizadora de la colonia Roma*; Ángel Leoncio Maturino Resendez, el *Asesino del ferrocarril*; Juan Vallejo Corona; Sara Aldrete y Jesús Constanzo, los *Narcosatánicos*; Juana Barraza, la *Mataviejitas*; Francisco Maldonado, el *Vampiro michoacano*; Gilberto Ortega, el *Caníbal de Chihuahua*; José Luis Calva Zepeda, el *Caníbal de la Guerrero*; Osiel Marroquín Reyes, el *Sádico*; entre muchos otros, incluyendo al *Monstruo de Ecatepec*, capturado en 2018 luego de ultimar a más de 20 mujeres, lo que lo sitúa como uno de los más prolíficos del mundo.

TED BUNDY

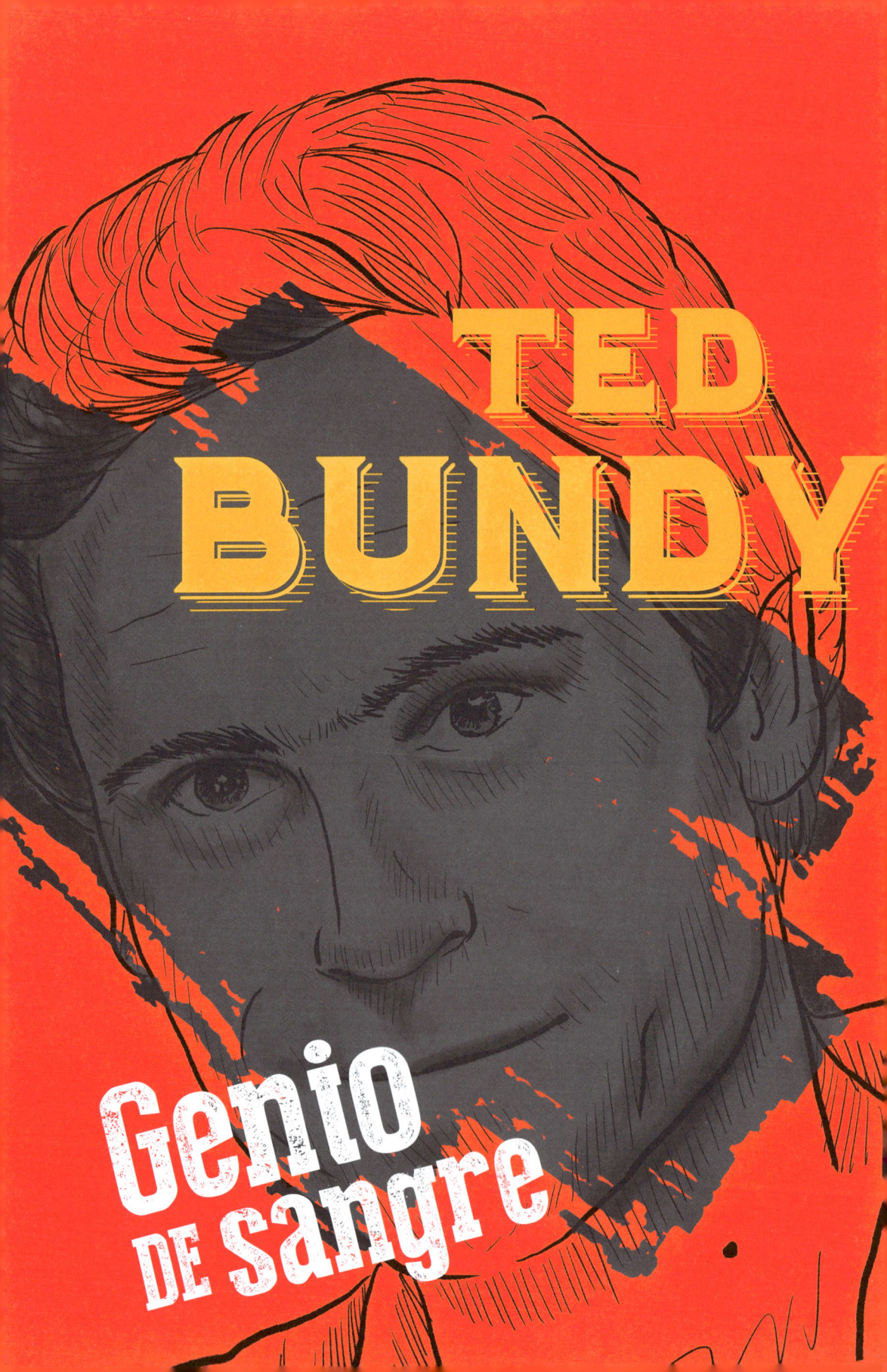

Genio de sangre

Días antes de su ejecución Ted Bundy flaqueaba como nunca lo había hecho en su vida. Enfrentar a la silla eléctrica era demasiado, lo rebasaba. Pasó días y sus últimas horas rezando antes de caminar hacia el patíbulo, lo hizo en compañía del ministro Frederic Lawrence de la Iglesia Metodista del Sudoeste, en Gainsville, Florida. El ministro aseguró que Bundy no quería morir, pero sabía que tenía que hacerlo.

Martes 24 de enero de 1989. Ted Bundy vestía pantalones azul marino con camisa azul cielo y, cuando entró a la habitación donde sería ejecutado, se dobló, retomó aire y se dirigió hacia la silla. Cuando tomó asiento lanzó su mirada hacia la pared de acrílico transparente que servía de ventana indiscreta para los testigos que lo acompañarían hasta el último segundo de su existencia.

De seguro, Ted sentía un vacío en el estómago, y no por falta de alimento; él se negó a solicitar algo especial para lo que sería su última cena, sin embargo, la prisión le llevó una orden tradicional de comida: filete de res término medio, huevos estrellados, papas a la francesa, pan con mantequilla y mermelada y un jugo de naranja. No comió nada. La noche anterior sólo habló con su madre.

Bundy, un hombre que pudo ser un talentoso abogado y defender a la justicia, en el camino de la vida tomó la dirección opuesta y terminó en la cámara de ejecución. Volteó a ver al ministro Frederic Lawrence y a su abogado, Jim Coleman, ambos sentados en primera fila, a quienes saludó asintiendo con la cabeza, luego les sonrió a los fiscales que lo condenaron.

Ted Bundy fue amarrado a la silla por los cuatro guardias que lo escoltaban y también ajustaron una correa a su barbilla. Temblaba, estaba asustado, sus ojos azules no dejaban de parpadear. Entonces el supervisor de la prisión, Tom Barton, siguió el fatídico protocolo y le preguntó al sentenciado si quería decir unas últimas palabras. El condenado aceptó y las dirigió a su abogado y al ministro con quien rezó, les dijo: «Jim y Fred, me gustaría que les den mi amor a mi familia y amigos». Después, los testigos señalaron que Bundy hizo una pausa, como quien busca otras palabras que decir, pero ya no lo hizo. Le retiraron el micrófono y cubrieron su cabeza con una capucha negra de cuero. En sus piernas y cabeza también colocaron electrodos. Tom Barton fue hasta el teléfono para ver si llegaba una llamada de último minuto con la orden de suspender la ejecución, pero el aparato jamás sonó, el gobernador de Florida en turno, Bob Martínez, apoyó la ejecución de Bundy hasta el final. Eran las siete de la mañana con seis minutos cuando el oficial, asintiendo con la cabeza, le indicó al verdugo que era la hora. El hombre encapuchado apretó el botón de la descarga eléctrica y, diez minutos después, Ted Bundy fue declarado muerto.

¿Cómo y cuáles fueron los hechos que condenaron a Bundy?

¿Cuáles fueron sus motivos para convertirse en un asesino, uno de los peores en la historia de Estados Unidos?

Abramos su expediente.

Malquerido

Theodore Robert Cowell Bundy nació el domingo 24 de noviembre de 1946 en Burllington, Vermont, Estados Unidos. Fue el hijo de Eleanor Louise Cowell, quien lo parió siendo una jovencita abandonada por el padre biológico del niño, al parecer un veterano de la fuerza aérea estadunidense, quien el pequeño Ted nunca conoció. Por esta razón fue criado por sus abuelos, que le hicieron creer a la criatura y a la sociedad que era hijo de ellos y que su madre biológica, es decir, Eleanor, era su hermana. Esta situación afectaría más adelante a Ted al enterarse de la verdad, porque se sintió engañado por su propia madre; además, la joven Eleanor también lo rechazaba por momentos. Su hijo representaba un error en su vida que la llenaba de vergüenza, una deshonra para su familia. Así, Ted tuvo una infancia complicada, en un entorno hostil, porque su abuelo era un tipo que practicaba la violencia intrafamiliar.

En 1950, cuando Ted tenía 4 años, su madre se enamoró de un cocinero del ejército, llamado Johnnie Culpepper Bundy, se mudaron a vivir con él a Washington y un año después contrajeron matrimonio, así fue como Ted recibió el apellido. Parecía que por fin Ted tendría una familia y una figura paterna cariñosa y sólida que lo ayudaría a crecer con amor, pero no fue así, aun cuando su madre le dio cuatro medios hermanos. Ted Bundy ya había sido marcado los primeros años de su vida por el rechazo de su propia madre y familia, entonces empezó a desarrollar una personalidad fría, solitaria, antisocial y violenta hacia los animales. Estaba en el camino correcto para hacer lo incorrecto.

Sin embargo, no era un bueno para nada, de hecho, cuando se matriculó en la Puget Sound para estudiar la licenciatura en Psicología era un estudiante con buenas notas, pero el amor se interpuso en su camino. Ted se hizo novio de una chica que sería el amor de su vida. Stephanie Brooks lo conquistó con su belleza e inteligencia y parecían felices, hasta que ella sintió que era más madura que él y que su relación naufragaría por tener visiones distintas de la vida, sobre todo, Stephanie empezó a ver que Ted no tenía un plan de vida y, por lo tanto, no le ofrecía una seguridad, entonces lo terminó. A Bundy se le rompió el corazón. Nunca la olvidó y por mucho tiempo le envió cartas, misiles cursis para reconquistarla, algo que no sucedió; no obstante, Stephanie mantuvo su interés en él contestándole la correspondencia.

El desamor motivó a Ted a dejar la carrera y se puso a trabajar, pero en ningún empleo duraba. Bundy estaba a la deriva buscando un salvavidas que lo mantuviera a flote. Como pudo, se sobrepuso y decidió regresar a estudiar la licenciatura en Derecho en la Universidad de Washington, de forma simultánea, su corazón encontró un bálsamo al relacionarse con una joven, madre divorciada, de nombre Elizabeth Kloepfer. El tiempo que estuvieron juntos, ella no se enteró de que Ted mantenía contacto por carta con Stephanie.

En 1973 Ted Bundy comenzó una carrera prometedora, empezó a relacionarse con personas de la política del Partido Republicano, y ese perfil atrajo más a la novia que lo abandonó. Cuando Ted la buscó en California, Stephanie aceptó regresar con él; no obstante, nada volvió a ser igual, como si lo único que necesitara Ted era sacarse la espina. Él decidió dejarla.

Hasta ese momento, Ted Bundy no había cometido delito alguno, por lo único que alguien podría haberlo señalado fue su secreta infidelidad. Pocos hubieran apostado que Bundy, de ser un joven con una carrera en ascenso se convertiría en un monstruo al año siguiente, al menos de acuerdo con los eventos registrados de manera oficial o que le fueron comprobados, ya que fueron varias las personas que manifestaron que la carrera criminal de Ted Bundy debió empezar desde adolescente. Versiones apuntan que en 1969 intentó el secuestro de un menor, o que en 1971 cometió su primer asesinato, o que en 1961 fue responsable de la muerte de una niña de 8 años. Por su lado Ted Bundy siempre contó historias distintas según la persona que le interrogaba y evadía contar tantos detalles de sus delitos.

La terrible crueldad

Viernes 4 de enero de 1974. Alrededor de la medianoche, Ted Bundy se metió al sótano donde vivía la joven Joni Lenz (algunas fuentes dicen que se llamaba Karen Sparks), subió hasta donde la chica de 18 años dormía y aprovechó para golpearla de forma brutal en la cabeza con una varilla de metal; no sólo eso, usó el mismo objeto para violarla. Imaginen las lesiones internas que provocó a la estudiante de la Universidad de Washington, además del daño cerebral que la dejó discapacitada para toda la vida, porque sí, es difícil de creer, pero ella sobrevivió después de estar dos semanas inconsciente.

Viernes 1 de febrero de 1974. De nuevo se metió al departamento de una joven estudiante de la Universidad de Washington. Lynda Ann Healy estaba dormida cuando Bundy la golpeó, y con ella inconsciente, la vistió con pantalones de mezclilla, botas y una blusa de color blanco, acto seguido, se la llevó. Hasta un año después, su cadáver desmembrado fue hallado en una zona montañosa.

Martes 12 de marzo de 1974. Donna Gail Manson fue la siguiente víctima, la joven había decidido acudir a un concierto de jazz que se realizaría en el campus de su escuela, algo que Ted Bundy evitó.

Miércoles 17 de abril de 1974. Susan Elaine Rancourt desapareció al caminar hacia su dormitorio en el campus de su universidad ubicada al sureste de Seattle. El sospechoso fue un hombre que se había acercado a dos chicas el mismo día que desapareció Susan. Tal personaje se acercó a ellas solicitando ayuda para cargar unos libros, debido a que en apariencia estaba lastimado, pues llevaba un cabestrillo para el brazo; el hombre quería que lo auxiliaran para llegar hasta un coche marca Volkswagen sedán; un *vocho*, que Ted Bundy usó como vehículo para perpetrar sus crímenes, un vehículo que terminaría expuesto en el llamado Museo del Crimen, ubicado en Washington DC, en el mismo lugar donde también está exhibido el coche en el que fueron acribillados Bonnie y Clyde.

Lunes 6 de mayo de 1974. Ese día, la joven que despareció fue Roberta Kathleen Parks cuando salió de su dormitorio en la universidad para alcanzar a unos amigos que la esperaban para compartir un café.

Insaciable

Al menos una mujer por mes era el ritmo que mantenía Ted Bundy, una sucesión de mujeres desaparecidas que levantó la alerta en la policía, pero las jóvenes siguieron desapareciendo. El sábado 1 de junio le tocó a Brenda Carol Ball y el martes 11 de junio a la estudiante Georgann Hawkins; en ambos casos, algunas personas cercanas a las zonas de las desapariciones señalaron que habían visto a un hombre con un cabestrillo y hasta con muletas, incluso otra mujer acentuó en su declaración que un sujeto le pidió asistencia para ayudarle a cargar una pequeña maleta hasta un *vocho*.

Domingo 14 de julio de 1974. Dos mujeres fueron secuestradas a plena luz del día en una playa al este de Seattle. Bundy se acercó primero a un grupo de chicas para que lo ayudaran a bajar algo de su auto y sólo una de ellas aceptó, pero cuando se percató, ya cerca del vehículo, de que no había nada que bajar, regresó corriendo con sus amigas. Ted Bundy no desistió, y en la misma zona, pidiendo ayuda con la misma mentira, se acercó a la joven Janice Ann Ott quien aceptó y desapareció con ella. El mismo día, más tarde, raptó a Denise Marie Naslund, apartándola de un día de campo que compartía con su novio y amigos; Bundy aprovechó cuando ella fue al baño.

Cambiando el paisaje

Si la policía ya estaba alerta y tenía varias pistas, ¿qué hacía Ted Bundy para escabullirse? Simplemente se cambiaba el peinado y se dejaba crecer la barba, suena sencillo, pero así era.

No obstante la policía intensificó su cacería, sobre todo cuando lograron tener una descripción más detallada de su rostro y del coche en el que se movía, así que distribuyeron el boceto de su cara por Seattle con la ayuda de periódicos y cadenas de televisión. Fue así que la novia de Ted, Elizabeth Kloepfer, y otras dos mujeres identificaron que el asesino podría ser Bundy.

Por su parte, Bundy no se quedaría para ser atrapado en Seattle, se movió por Idaho, Utah y Colorado, pero tampoco bajó la guardia, en lugar de esconderse y parar de matar, continuó con su sádica afición.

Lunes 2 de septiembre de 1974. Bundy levantó a una chica, no identificada que pedía aventón; la joven no sabía que ese tipo la violaría, estrangularía y tiraría sus restos en un río. Como si no hubiera sido suficiente, el morbo de Bundy lo hizo regresar al día siguiente para fotografiar y descuartizar el cadáver de la mujer.

Miércoles 2 de octubre de 1974. Nancy Wilcox fue atrapada por Bundy, quien la llevó a un bosque, pero para mostrar cierta compasión, y sobre todo para no aumentar la intensidad de búsqueda hacia él, a Nancy sólo la violó y decidió dejarla escapar, pero la muchacha de 16 años no dejó de gritar, situación que desesperó a Bundy, quien la estranguló al intentar ahogar sus gritos.

Viernes 18 de octubre de 1974. Melissa Anne Smith, hija del jefe de policía de Midvale, Salt Lake City, fue a una pizzería con la tranquilidad de que en su ciudad no pasaba nunca nada, no obstante, el que pasó y la vio fue Ted Bundy, quien se la llevó. Casi dos semanas después fue encontrada muerta y desnuda en una zona de la montaña. La autopsia reveló que la joven tenía más o menos dos días de haber muerto, lo que indicaba que Bundy la tuvo con él al menos siete u ocho días. ¿Qué tanta agonía le provocó el asesino antes de acabar con su vida?

Jueves 31 de octubre de 1974. En plena celebración de Halloween, a la medianoche, cuando las brujas andan sueltas, un demonio asaltó a Laura Ann Aime cuando salió de tomar un café. Semanas más tarde fue hallada desnuda en otra zona montañosa. Al igual que a Melissa Anne Smith, Ted Bundy la golpeó, violó, torturó y asfixió con medias de nylon. Pero como Bundy se tomaba su tiempo para disfrutar de sus asesinatos, antes de tirar los cadáveres las puso guapas, las puso presentables para sus familiares, les lavó el cabello y maquilló sus rostros.

Ted Bundy actuaba como si fuera invencible, saltaba de una ciudad a otra y con cada vez menos precauciones atacaba a sus víctimas; no obstante, estaba por cometer uno de sus más grandes errores.

Compulsión asesina

Viernes 8 de noviembre de 1974. Ted se aproximó a Carol DaRonch, quien trabajaba como telefonista en un centro comercial. Bundy se hizo pasar como un agente de la policía local para advertirle que alguien había intentado abrir y robar su automóvil y por ese motivo le pidió que lo acompañara a levantar la denuncia correspondiente. La joven Carol accedió y subió al auto del criminal, pero en algún momento la mujer le dijo al falso policía que no estaba tomando el camino correcto, entonces Bundy la jaló hacia él para colocarle unas esposas en las muñecas. Carol se defendió como pudo y Bundy le puso las dos esposas en el mismo brazo, entonces la chica abrió la puerta y se aventó del coche.

Una persona normal (un asesino no lo es), después de haber cometido una falta se escondería para que nadie lo atrapara, pero Bundy ya era un jinete del Apocalipsis sin freno; así, la tarde del mismo 8 de noviembre, después de que se le escapó Carol fue por otra víctima, y encontró a Debra Jean Kent, una estudiante que al salir de una obra de teatro de la escuela fue abordada por Bundy. Debra desapareció y su hermano se quedó esperándola con la promesa de que ella lo recogería. Al hacer las investigaciones, varios de los entrevistados le dijeron a la policía que notaron la presencia de un hombre que les había pedido salir al estacionamiento para identificar un coche. No sólo eso, la policía halló una llave que más tarde abriría las esposas que Bundy le había puesto a Carol.

Terminó el sangriento 1974, y en enero de 1975, Ted Bundy regresó a Seattle y fue a ver a Elizabeth Kloepfer, quien para ese entonces ya lo había denunciado varias veces y sostenía la sospecha de que Bundy, con quien se relacionó sentimentalmente. Él era el hombre al que la policía buscaba por las desapariciones y muertes de varias jóvenes. Elizabeth, obviamente, no le contó eso a Bundy. ¿Qué hizo esta mujer esos días para convivir y dominar el miedo, que de seguro tenía de ser lastimada por el sujeto al que acusó? Los señalamientos hacia Bundy eran importantes, pero la policía no estaba segura de tener las pruebas suficientes contra él. Ted, confiado, siguió su obra viajando entre Utah y Colorado.

Basurero del infierno

Domingo 12 de enero de 1975. Caryn Eileen Campbell trabajaba como enfermera, del mismo modo en el que las personas que se dedican a esta profesión, era una joven de buen corazón, dispuesta a ayudar a los demás. Caminó sola por un pasillo hacia su habitación en un hotel. Desapareció y fue vista de nuevo hasta un mes después, estaba desnuda y sin vida, tirada en un camino cercano al hotel en el que se hospedaba en un complejo de esquí cerca de Aspen, Colorado. Cuando el forense la revisó, notó una gran cantidad de cortes en su cuerpo, pero su muerte fue ocasionada por golpes contundentes en la cabeza.

Sábado 15 de marzo de 1975. Ted Bundy continuó con su clásico *modus operandi*, aparentó estar lastimado y con muletas se aproximó a Julie Cunningham, una joven que era instructora de esquí. El homicida le pidió ayuda para llevar sus botas de esquí hasta su *vocho*, y cuando llegaron al vehículo la golpeó y la esposó, luego se alejó con ella en el auto. Julie terminó estrangulada, su cuerpo permaneció en un sitio solitario hasta que semanas después Bundy regresó a verla, como quien visita en el cementerio a sus seres queridos. Como lo hizo con varias víctimas, practicó la necrofilia con ella. Una completa y absoluta locura.

Domingo 6 de abril de 1975. Ese día, Denise Lynn Oliverson jamás pensó que sería la última vez que se calzaría sus sandalias para salir a andar en bicicleta; la mujer de 25 años pedaleaba durante su día descanso. Se dirigía a casa de sus padres, un domingo familiar que se volvió negro no sólo por la discusión que tuvo con su marido y la motivó a salir de su hogar, sino porque Denise se topó con Ted Bundy, quien únicamente dejó como rastro los cándidos zapatos y la bicicleta de la chica, objetos abandonados debajo de un puente por donde pasaba el tren.

Martes 6 de mayo de 1975. La demencia de Ted Bundy, incapacitada para guardar el mínimo escrúpulo, lo llevó al ataque sexual de una niña de 12 años. Lynette Dawn Culver fue ultrajada en la habitación de un hotel. El asesino, que usaba como basurero del infierno cualquier rincón de su travesía, dejó su cuerpo en un río de Salt Lake City.

VIDA SECRETA

¿Y qué otra cosa hacía Ted Bundy además de matar? Llevaba una vida normal, como cualquier empleado que cumple con sus obligaciones. Por ejemplo, antes de los asesinatos registrados como oficiales, en 1971 trabajaba contestando las llamadas que llegaban al Centro de Crisis de Suicidio de Seattle, y sus compañeras lo describían como un hombre amable, empático y cuidadoso en el trato. Ya en 1974, cuando estaba engarzando su rosario de asesinatos, trabajaba para el Departamento de Servicios de Emergencia de Washington.

Conquistador

Durante su empleo en Washington conoció a Carole Ann Boone con quien empezó una relación y años más tarde la embarazaría. Para darnos una idea del carisma de Ted Bundy que maquillaba al ser despreciable que en realidad era, hay que señalar que en mayo, después de asesinar a la niña Lynette Dawn Culver, él recibió en su departamento de Salt Lake City, por una semana entera, a su novia Carole Ann Boone, quien llegó acompañada por dos compañeras del trabajo. Además, Bundy mantenía relación con Elizabeth Kloepfer, quien a pesar de sospechar de manera importante de Bundy como autor de los crímenes que reportaban los medios de comunicación, y a pesar también de haberlo denunciado varias veces ante la policía, se mantenía a su lado y hasta hablaron de casarse en la Navidad del mismo año. Así era, cuando no se dedicaba a matar, Ted Bundy le sacaba jugo a su atractivo físico y a su don de conquistador, porque no sólo era novio de Carole Ann Boone y de Elizabeth Kloepfer, también salía con una estudiante de Derecho de la universidad de Utah, a quien han identificado como Kim Andrews o Sharon Auer. Sería Carol Ann quien lo acompañaría hasta el final.

Tiempo contado

Sábado 28 de junio de 1975. Susan Curtis fue raptada del campus de la Universidad de Brigham Young, al sur de Salt Lake City. Para entonces, los investigadores tenían mucha información, pero todo era un rompecabezas. Decidieron comparar los datos recopilados y usaron una computadora que les ayudó a encontrar coincidencias y, sobre todo, nombres de posibles sospechosos. La máquina arrojó el nombre de Theodore Robert Cowell Bundy, entre otros.

El comienzo del fin de para Ted Bundy comenzó el sábado 16 de agosto de 1975. Un oficial de tránsito lo detuvo porque

NO HUYAS

Amable lector, si ya te cansaste de leer este recuento de hechos, te recomiendo que tomes un respiro, quizá sea un buen momento para hacer una pausa y colocar el separador de libros, porque Ted Bundy se encargó de generar tal cantidad de información, mucha de ella con inexactitudes o con poco detalles, que requiere de tu paciencia. Si te vas ahora, regresa cuando quieras, porque Bundy todavía no te ha mostrado todo su expediente.

no respetó las señales de tránsito, entonces, al momento de verificar los papeles del *vocho* notó que el asiento del copiloto había sido removido de su lugar, y al inspeccionar el interior encontró una máscara de esquí que Bundy justificó como parte de su afición a ese deporte, una máscara hecha con el nylon de pantimedias, un palanca de metal, unas esposas que supuestamente había hallado entre la basura, un picahielo, bolsas y un rollo de cuerda. Toda esta extraña colección puso en alerta al oficial, quien empezó a recordar la descripción hecha por Carol DaRonch, la telefonista que alcanzó a escapar de Bundy al lanzarse del auto; así, el agente detuvo a Ted Bundy y los investigadores lo pusieron bajo vigilancia 24 horas para seguir con las pesquisas.

¿Qué tenía que hacer la policía si ya había encontrado al sospechoso número uno? Hallar pruebas contundentes para inculparlo.

A pesar de investigar en el domicilio de Bundy, donde encontraron publicidad de la obra de teatro en la que estaba Debra Kent cuando Bundy la atacó y de obtener mapas de las estaciones de esquí de donde desparecieron otras víctimas, no era suficiente. Bundy declaró tiempo después que no entendía cómo los agentes que fueron a su departamento en esa ocasión no se dieron cuenta de las fotos instantáneas que les había tomado a sus víctimas.

De manera simultánea, otros agentes viajaron a Seattle para interrogar a la novia de Bundy, Elizabeth Kloepfer, y saber por qué ella sospechaba de él. Entre muchas cosas, Kloepfer les dijo que en su departamento vio cosas que Ted guardaba y que no entendía para qué las quería, sobre todo unas muletas y una bolsa repleta de ropa de mujer. Una pista importante resultó de verificar que en las fechas de las desapariciones de al menos dos mujeres, Ted Bundy no había pasado la noche con Kloepfer. Bundy debería tener una coartada.

Increíble, pero Bundy no fue llevado a juicio de inmediato, faltaban más pruebas que lo implicaran como autor material de los asesinatos, pruebas que empezaron a llegar en septiembre del mismo año.

En declive

Bundy cometió el error de vender el coche que le había servido de carroza fúnebre desde que inició su particular cacería; cuando la policía se enteró que un joven lo había comprado, incautaron el auto. El motivo era revisarlo con lupa, y sirvió. Dentro del *vocho* los investigadores encontraron muestras de cabello de tres personas distintas, de tres mujeres, de tres víctimas.

Sergio Sepúlveda

Jueves 2 de octubre de 1975. Los agentes colocaron a Bundy frente a varias personas que habían estado relacionadas con los asesinatos. Carol DaRonch no dudó en decir que Bundy era el sujeto que se hizo pasar como un oficial para intentar secuestrarla. Ése fue el único delito por el que pudieron detenerlo: secuestro e intento de homicidio, pero para no pisar la cárcel, Ted pagó quince mil dólares de fianza. ¿Cómo pagó su libertad el asesino que no ganaba lo suficiente para tener ese dinero? Sus padres, que confiaban en él, aportaron esa cantidad. Pero algo sorprendente fue que tras liberarse y durante la espera de su juicio, vivió en Seattle en el departamento de Elizabeth Kloepfer, sí, la novia que lo había denunciado una y otra vez y que estaba convencida de su culpabilidad; lo aceptó con ella, jugando con doble cachucha.

¿Y Ted Bundy no intentó escapar en lugar de esperar un juicio en el que sabía que tenía todo en contra? No, además de la cantidad de agentes que lo seguían a todas partes, su soberbia le daba esperanza de poder librar el castigo.

Lunes 23 de febrero de 1976. Ted Bundy fue a juicio por el secuestro de Carol DaRonch y renunció a un jurado porque su abogado le dijo que con tanta información difundida en los medios de comunicación tenía mucho que perder. Entonces, el lunes 1 de marzo de ese año, el juez lo declaró culpable, la sentencia la dictaron hasta el miércoles 30 de junio; Bundy tendría que pagar mínimo un año y máximo 15 en la cárcel del estado de Utah.

¿El asesino en serie se quedó con los brazos cruzados? No.

Días de encierro

La cabeza de Bundy, junto con todos los demonios que vivían en ella, empezaron a planear el escape, sin embargo, las autoridades de la prisión se percataron de que Bundy estaba reuniendo herramienta para lograr escabullirse y decidieron ponerlo en una celda de castigo, aislado de la población carcelaria. Mientras tanto, los investigadores de cada zona en donde había actuado Bundy siguieron trabajando en reunir pruebas para acusarlo de más delitos y lograr una condena mucho mayor.

La policía de Colorado logró que desde Utah lo trasladaran a Aspen para que enfrentara el cargo por el asesinato de Caryn Campbell, la enfermera que fue cortada en todo el cuerpo antes de morir apaleada en la cabeza.

Sueño de libertad

Bundy regresó a prisión y durante las semanas siguientes fue ganando el juicio, no tanto por sus maniobras como abogado, sino porque los investigadores no tenían pruebas claras que lo mostraran como asesino; todo mundo se daba cuenta, tanto amigos como rivales de Bundy, de que era muy probable que lograra su absolución por el crimen de la enfermera Caryn Campbell, todos veían eso menos Bundy, quien luchaba contra la ansiedad de estar enjaulado. Eso hizo que Ted elaborara otro plan de escape, digno de una película.

FUGA

Martes 7 de junio de 1977. Bundy demostró que era un hueso duro de roer, mucho más de lo que pensaba la policía. Ted estudió Derecho, entonces creía tener el conocimiento necesario de la ley para defenderse solo, para ser su propio abogado. El juez lo aceptó y le dio el beneficio de que se presentara a la corte sin esposas ni grilletes. El astuto Bundy aprovechó un receso para solicitar el acceso a la biblioteca del juzgado, según él para obtener más recursos de bibliografía para defenderse; ya dentro de la biblioteca, abrió una ventana y saltó desde el segundo piso. Al caer se produjo un esguince en el tobillo que lo acompañó durante los seis días que estuvo fugitivo, hasta que una patrulla vio un vehículo que tenía un andar irregular y al detenerlo atraparon de nuevo a Ted Bundy.

A lo largo de seis meses, el criminal juntó hasta 500 dólares que le contrabandeaban sus visitas, adquirió una sierra para cortar metal y decidió bajar de peso, alrededor de 16 kilogramos; su idea era cortar una parte de las barras de metal que estaban en el techo de su celda para lograr un espacio mínimo por donde él cupiera para salir por los ductos de arriba. Mientras los otros presos se bañaban, él serruchaba; mientras los otros presos dormían, él practicaba la carrera que tendría que hacer para fugarse, como una rata en los ductos de ventilación o drenaje.

El 30 de diciembre de 1977, Ted Bundy puso manos a la obra. Por las fiestas de fin de año había menos personal en la cárcel, y aprovechó para colocar una fila de libros acostados en su cama, los cuales ocultó con una sábana para aparentar que él estaba dormido, luego subió al techo y se condujo hasta la oficina del jefe de celadores. Bundy sabía que ese oficial no estaría porque había tenido la noche libre. Descendió para tomar ropa del armario y se dirigió a la puerta principal. Después, Bundy robó un auto, que se descompuso, logró que le dieran aventón, luego abordó un autobús y más tarde un vuelo que lo depositó en la ciudad de Chicago. Fue hasta el 31 de diciembre, alrededor del mediodía, que notaron que Bundy había escapado de la cárcel.

Ted Bundy no se quedó en Chicago, tan sólo hizo una escala. Su destino final sería Florida. Pensaba que si mantenía un perfil bajo no sería descubierto. Tal vez fue un plan muy ingenuo de alguien tan sagaz, lo cierto es que intentó obtener un empleo, pero no lo consiguió debido a que debía mostrar sus credenciales. Entonces comenzó a robar, delito de poca importancia comparado con lo que ya tenía en su historial. Pero su instinto asesino, siempre latente, lo llevó a otro teatro de sangre únicamente 15 días después de su gran fuga.

Sed de sangre

Domingo 15 de enero de 1978. Ted Bundy cometió el ataque más brutal de todos. ¿Por qué conformarse con asesinar a una mujer o a dos por día, cuando podría atacar a cuatro o cinco chicas? Minutos antes de las tres de la madrugada, Bundy ingresó a la casa de la fraternidad Chi Omega, de la Universidad Estatal de Florida (FSU, por sus siglas en inglés), y en 15 minutos arremetió contra Margaret Bowman, Lisa Levy, Kathy Kleiner y Karen Chandler. Primero fue con Margaret, a quien golpeó con un leño y la asfixió con una media de nylon; después pasó al dormitorio de Lisa, a quien golpeó mientras dormía, la estranguló, y como perro rabioso la mordió en la nalga izquierda, arrancó uno de sus pezones y la violó con una botella. Siguió al dormitorio de Kathy para romperle la mandíbula y lastimar de manera seria su hombro. La última de la casa fue Karen, a quien le aplastó un dedo, también le rompió la mandíbula, le botó los dientes y la dejó conmocionada. Nadie escuchó nada.

¿Quedó satisfecho Ted Bundy después de servirse con la cuchara grande esa madrugada? No.

Salió de la casa de la fraternidad y a poca distancia de ahí irrumpió en el departamento de Cheryl Thomas, una estudiante de Danza de la FSU. Bundy rompió todos los sueños de la joven al fracturarle el cráneo y la mandíbula; con esas lesiones la condenó al silencio permanente, Cheryl quedó sorda y jamás volvió a caminar con equilibrio. Cuando la policía llegó, encontraron algo que ligaba el evento con Ted Bundy: una máscara de nylon, además levantaron una muestra de semen.

Miércoles 8 de febrero de 1978. Ted Bundy anduvo en busca de víctimas y primero intentó abordar a una adolescente de 14 años, Leslie Parmenter, pero su hermano se percató y ahuyentó a Bundy; el mismo día anduvo manejando un vehículo que robó de la FSU y llegó a la secundaria de Lake City, ahí observó a Kimberly Diane, una niña de 12 años, Ted aprovechó cuando Kimberly fue sola a un salón de clases para secuestrarla. Casi dos meses después sería hallado el cadáver, pero antes de eso Ted Bundy fue atrapado.

Miercoles 15 de febrero de 1978. Bundy viajaba en otro *vocho* robado, había salido del departamento que rentaba en Florida porque ya no tenía dinero para pagar. Alrededor de la una de la mañana un oficial le marcó el alto y le dijo que ese coche había sido reportado como robado, cuando el policía lo iba a arrestar, Bundy lo pateó y corrió, el agente se recuperó y disparó en dos ocasiones como señal de advertencia para que Bundy se detuviera, al final logró someterlo. En el coche había varias identificaciones de estudiantes de la FSU, tarjetas de crédito robadas y hasta un televisor. El agente lo subió a su patrulla sin darse cuenta de que había aprehendido a uno de los fugitivos más peligrosos de Estados Unidos.

Al fin el fin

Ted Bundy enfrentó el juicio por los homicidios cometidos en la fraternidad Chi Omega. Fue el primer juicio televisado a nivel nacional en Estados Unidos, pero la expectativa rebasaba las fronteras, en países de todo el mundo se sabía de Ted Bundy, y esta repercusión mediática fue una de las razones por las que el asesino cometió un error al defenderse. Sus abogados y él mismo sabían que podían llegar a un acuerdo si se declaraba culpable, al menos con eso libraría la pena de muerte, pero Ted Bundy prefirió defenderse solo y no aceptar el trato; fue demasiado cobarde u orgulloso para pararse frente al juez y ante los ojos de todo el mundo y decir que era culpable. Así, el martes 24 de julio de 1979, con todos los testimonios que señalaron su presencia cerca de la casa de la fraternidad Chi Omega, incluso con el de una persona que lo vio cargando el leño con el que mató a Margaret Bowman, con eso y más, el juez le otorgó dos sentencias de muerte por los asesinatos de Margaret Bowman y Lisa Levy.

Ted Bundy estaba perdido, pero aún debía ser juzgado por el asesinato de la niña Kimberly Leach. Alguien lo vio llevando a la pequeña desde el patio de la escuela hasta la camioneta que había robado, y al comparar fibras de tela de la ropa de Leach con las de la chamarra que llevaba Bundy cuando fue arrestado, más evidencia encontrada en el vehículo, fueron suficientes pruebas para determinar que él raptó a Kimberly. Entonces, el domingo 10 de febrero de 1980, Ted Bundy fue condenado a muerte por tercera vez. La silla eléctrica la tenía más que reservada.

Un hecho increíble, que escapa a toda lógica fue que mientras estaba en el juicio por la muerte de Kimberly Leach, aprovechó que una de sus novias y ex compañera de trabajo,

INYECCIÓN LETAL

Este método de ejecución se aprobó en Estados Unidos, en 1977. En 1982, Charles Brooks fue el primer *cliente* de esta fórmula, que consiste en inyectar en las venas un barbitúrico de acción rápida y de dosis letal, en combinación con un producto químico paralizante, parecido al de la anestesia general. Regularmente se usan tres substancias: tiopentato sódico, bromuro de pancuronio y cloruro potásico. La primera es un barbitúrico que hace perder el conocimiento, la segunda es un relajante muscular que paraliza el diafragma y la tercera provoca un paro cardiaco.

Carole Ann Boone, fuera a un interrogatorio para pedirle matrimonio frente al juez. Carol dijo que sí, y así sin más trámites ni ceremonias se convirtieron en esposos, y en octubre de 1982 Carol dio a luz a una niña señalando que el papá era Ted Bundy, quien sobornó a los guardias de la prisión para mantener relaciones sexuales con Carol.

La noche anterior a sentarse en la silla eléctrica, Ted Bundy admitió haber cometido 30 homicidios en los estados de California, Colorado, Florida, Idaho, Oregon y Utah. Pero las palabras del ministro que lo acompañó a rezar en sus últimos días le dan dimensión clara y contundente a la obra sangrienta de Ted Bundy. El clérigo dijo: «Creo que ni él supo a cuántas personas asesinó».

ROBERT PICKTON

Lorraine Shenher comenzó su carrera en la policía de Vancouver, Canadá, a inicios de la década de 1990; tenía 27 años y el deseo de hacer el bien a la sociedad. Por esos años, decidió hacerse una reasignación de sexo, entonces dejó el nombre de Lorraine y adoptó el de Lorimer. En sus inicios trabajó como agente encubierto haciéndose pasar como prostituta en una zona llamada Downtown Eastside; ahí atraía a hombres que buscaban sexo, para luego detenerlos. Con esa tarea logró darse cuenta de la violencia con la que los clientes trataban a las sexoservidoras y cómo no eran tomadas en serio por las autoridades cuando denunciaban algún abuso. Esta experiencia la conmovió y cuando tuvo que participar en la búsqueda del mayor asesino serial en la historia de Canadá.

Willie

Primera pista

A finales de los años noventa, los residentes de la misma zona en la que trabajó Shenher denunciaron la desaparición constante de mujeres; para 1998 ya eran 17, básicamente prostitutas y consumidoras de drogas. Pero la investigación de esas desapariciones no se tomó en serio por los prejuicios hacia el oficio que desempeñaban, incluso el departamento de delitos graves insinuó al agente Kim Rossmo que, por su estilo de vida, era probable que las mujeres simplemente habían cambiado de residencia y que en realidad no habían desaparecido. Después de analizar las desapariciones (desde 1996), Rossmo sugirió la existencia de un asesino serial.

Por fortuna, agentes como Shenher hicieron a un lado los prejuicios y se pusieron a trabajar. De hecho, ella o él, fue quien tuvo la primera pista para atrapar al responsable de las desapariciones de las 17 mujeres. Shenher tenía tan sólo dos días como jefe de la unidad de personas desparecidas de Vancouver cuando una llamada anónima le dio el nombre de un sospechoso: Robert William Pickton.

El Palacio de los cerdos

Pero una llamada dijo más cosas, no sólo el nombre de un posible sospechoso; la persona le dijo a Shenher que inspeccionaran la granja de cerdos de Pickton y fácilmente encontraría bolsas, ropas y más pertenencias de las mujeres desaparecidas, incluso hallarían identificaciones. Esa denuncia remató con una escalofriante insinuación: «Pickton tiene un molino de carne que, si hablara, podría decir muchas cosas».

¿Y QUIÉN ERA?

De manera simple, Robert «Willie» Pickton era un criador de cerdos, pero lo que llamó la atención de Shenher fue una denuncia del domingo 23 de marzo de 1997 contra Willie por haber retenido a la fuerza y casi matar a puñaladas a una prostituta de nombre Wendy Lynn Eistetter. Según el testimonio de la mujer, mantuvieron relaciones sexuales en la granja, al terminar, él le dio una mano y con la otra le hundió un cuchillo en el estómago, ella se defendió y también lo apuñaló, luego, ambos fueron atendidos en el mismo hospital. No pasó nada con esa acusación porque los investigadores no la tomaron en cuenta debido a que la mujer lesionada, además de ser sexoservidora, era adicta a la heroína.

Shenher tenía toda la intención de ir por Robert Pickton, o al menos entrar a su propiedad, pero como el llamado *Palacio de los cerdos* estaba fuera de la ciudad, inspeccionarlo le correspondería a la Policía Montada y, aunque había comunicación entre la guardia de Vancouver y la Montada, la burocracia fue un lastre.

Al menos se logró que Robert Pickton fuera puesto bajo vigilancia durante tres días. No obstante, *Willie* no hizo nada que levantara sospechas para considerarlo responsable de las desapariciones de las mujeres.

Informante anónimo

Mayo de 1999. La policía de Vancouver integró un equipo especial para investigar las desapariciones, con Shenher como líder, a quien le llegó más información: una persona le aseguró que Pickton era el feminicida y que se deshacía de los cuerpos en su granja de cerdos. Esta persona aseguró haber entrado al matadero y que en la habitación de *Willie* observó varias esposas y, en otro lado, un congelador con una carne peculiar, tal vez de ser humano. También, esta fuente anónima arrojó un nombre: Lynn Ellingsen, una amiga de Pickton, quien lo acompañaba para elegir a sus víctimas. Además, Ellingsen le habría confiado al informante de Shenher que en la granja de cerdos vio, colgado de un gancho, un cuerpo que parecía más de mujer que de un animal, y mientras ese pedazo de carne estaba suspendido, Pickton rebanaba tiras de lo que parecían unas piernas.

¿Qué hizo Shenher? Dio aviso a la Policía Montada de sus pistas y esa corporación intentó interrogar a Lynn Ellingsen, pero no tuvo suerte. También acudieron a la granja, pero en su primer intento fueron rechazados por el hermano de Pickton, quien les dijo que estaban muy ocupados y que regresaran después, «hasta la temporada de lluvia».

Tiempo después...

La Policía Montada, como si no les urgiera el caso, regresó más de tres meses después para interrogar a Robert Pickton, quien obviamente negó ser el responsable de la desaparición y muerte de cualquier mujer, y no sólo eso, con aplomo, invitó a los oficiales a que investigaran dentro de su propiedad.

¿Qué hizo la corporación? No le tomó la palabra. Para entonces el número de mujeres desaparecidas había ascendido de 17 a 30, casi el doble.

Llegó el año 2001. Por fin la policía de Vancouver y la Montada unieron sus esfuerzos. Había pasado demasiado tiempo e incluso el detective Shenher había pedido su remoción del caso, desgastado por la burocracia para avanzar en la investigación; sin embargo, en lugar de actuar rápido e ir sobre Pickton, fue hasta el martes 5 de febrero del año 2002 que un agente de la Policía Montada consiguió una orden de cateo para la propiedad de *Willie*, con el pretexto de encontrar un arma de fuego sin licencia, y en esa inspección dio con un inhalador que tenía el nombre de una de las mujeres desaparecidas. Así, Robert Pickton fue detenido, pero al día siguiente fue puesto en libertad condicional debido a que el delito de posesión de armas no lo podía retener en prisión.

Atrapado

Los trabajos de investigación continuaron en la granja, ya no sólo por el delito de posesión de armas de fuego, sino para encontrar pistas que ligaran a *Willie* con las mujeres desaparecidas. Entonces, el viernes 22 de febrero de 2002, la policía encontró pruebas suficientes para arrestarlo por el asesinato de Sereena Abotsway y Mona Wilson. Desde esa fecha hasta noviembre del año 2003, los agentes investigadores excavaron en la propiedad donde encontraron gran cantidad de cuerpos en avanzado estado de descomposición, cráneos con trozos de manos y pies en su interior, restos en bolsas de basura, mandíbulas rotas, dientes y hasta una pistola a la que Willie le adaptó un vibrador a manera de silenciador, es decir, con esa arma las sodomizaba y ultimaba; por esto y más, a Robert Pickton se le adjudicaron 27 asesinatos de mujeres.

Lunes 30 de enero de 2006. Se inició el juicio contra Robert Pickton, o mejor dicho, una primera parte o preliminar del juicio que consistió en reunir las pruebas necesarias para condenar al criador de cerdos por los 27 asesinatos, pero el juez desecho uno de ellos por falta de evidencia, no obstante, el mismo juez determinó que llevar a cabo un proceso por 26 homicidios sería muy largo, tortuoso y le daba probabilidades al acusado de ser absuelto por alguna inconsistencia, entonces, el magistrado decidió juzgarlo solamente por seis asesinatos.

Entre todas las pruebas, se aportó un video en el que Pickton le comentó a un amigo que una forma eficaz para matar a una mujer adicta a la heroína era inyectarle en las venas

FLORES PARA LOS CERDOS

Luego, vino otra polémica, porque Pickton cortaba a sus víctimas y con esa carne alimentaba a los cerdos. Las autoridades levantaron una alerta porque había el temor de que el asesino hubiera picado y revuelto la carne humana con la de animal, o que los cerdos alimentados con restos humanos hubieran sido vendidos. Lo que se determinó fue que esos puercos antropófagos no fueron vendidos a clientes de Pickton, pero algunos sí fueron regalados a amigos de él. Algunos testigos dijeron que los cerdos que estaban en la granja eran muy grandes y fuertes, uno de ellos incluso con un peso de 270 kilos, algo anormal.

líquido con el que se lavan los parabrisas. No se comprobó que eso hubiera pasado, pero en su granja también encontraron una jeringa con algunos mililitros de líquido azul. Lo que sí se asentó fue que el *modus operandi* de Pickton era esposarlas, asfixiarlas, desangrarlas y desmembrarlas.

Sergio Sepúlveda

El proceso

Lunes 22 de enero de 2007. Comenzó el juicio, ya en forma, contra Robert Pickton, quien enfrentó la acusación por seis asesinatos en primer grado. El juez advirtió que el proceso sería largo y muy doloroso, como si fuera una película de terror. Durante más de un año de investigación se levantaron toneladas de tierra, se realizaron cientos de pruebas de ADN y con ellas al menos se encontraron rastros de 31 mujeres desaparecidas. Aunque el juicio se enfocó en seis víctimas, los investigadores apuntaron que Pickton pudo haber matado a más 50 personas.

¿Por qué pensaba esto la fiscalía? No sólo por los análisis forenses, también contaban con una grabación que hicieron en la celda de Pickton; allí colocaron a un agente encubierto para actuar como otro reo, entonces en una charla grabada en video, Pickton le confesó a su *compañero* de celda que había matado a 49 y que estaba enojado porque no pudo completar una cifra cerrada, es decir, 50 mujeres, para después asesinar a otras 25.

Lunes 10 de diciembre de 2007. El juez declaró culpable a Robert Pickton por seis asesinatos en segundo grado; no lo hizo en primer grado debido a que el jurado argumentó que no había pruebas para determinar que todas las muertes las planeó, no obstante, las evidencias confirmaban que había ultimado a esas seis mujeres. Así, el juez lo condenó a cadena perpetua sin la posibilidad de libertad condicional a los 25 años.

En junio de 2018 Robert Pickton fue transferido de Vancouver a otra prisión de máxima seguridad, ubicada a 600 kilómetros al noreste de Quebec, y lo hicieron para seguridad del reo e incluirlo en programas de readaptación.

¿Y qué pasó con David Pickton, el hermano que trabajaba en la misma granja? Nada. Fue investigado para encontrarle una relación que lo colocara como cómplice o coautor de los crímenes, no obstante, nunca se hallaron pruebas contra él y no fue llevado a juicio. De hecho, se quedó a vivir en la zona, cerca del Palacio de los cerdos, aunque ya sin la compañía del cerdo mayor, Robert Pickton, a quien muchos familiares de las víctimas hubieran querido desollarlo vivo.

DESCOMPOSICIÓN DE CADÁVERES

A *grosso modo*, un cuerpo se descompone de la siguiente manera. Primero llega el *algor mortis*, un enfriamiento derivado de la falta de los procesos metabólicos, a un ritmo de un grado centígrado por hora dependiendo de las condiciones. Después se rompen las barreras celulares, lo que provoca la deshidratación. En seguida aparece el *livor mortis*, o lividez, es decir, la aparición de moretones. Llega el *rigor mortis*, o endurecimiento muscular. El final, se presenta la putrefacción, gracias a los microorganismos.

RICHARD RAMIREZ

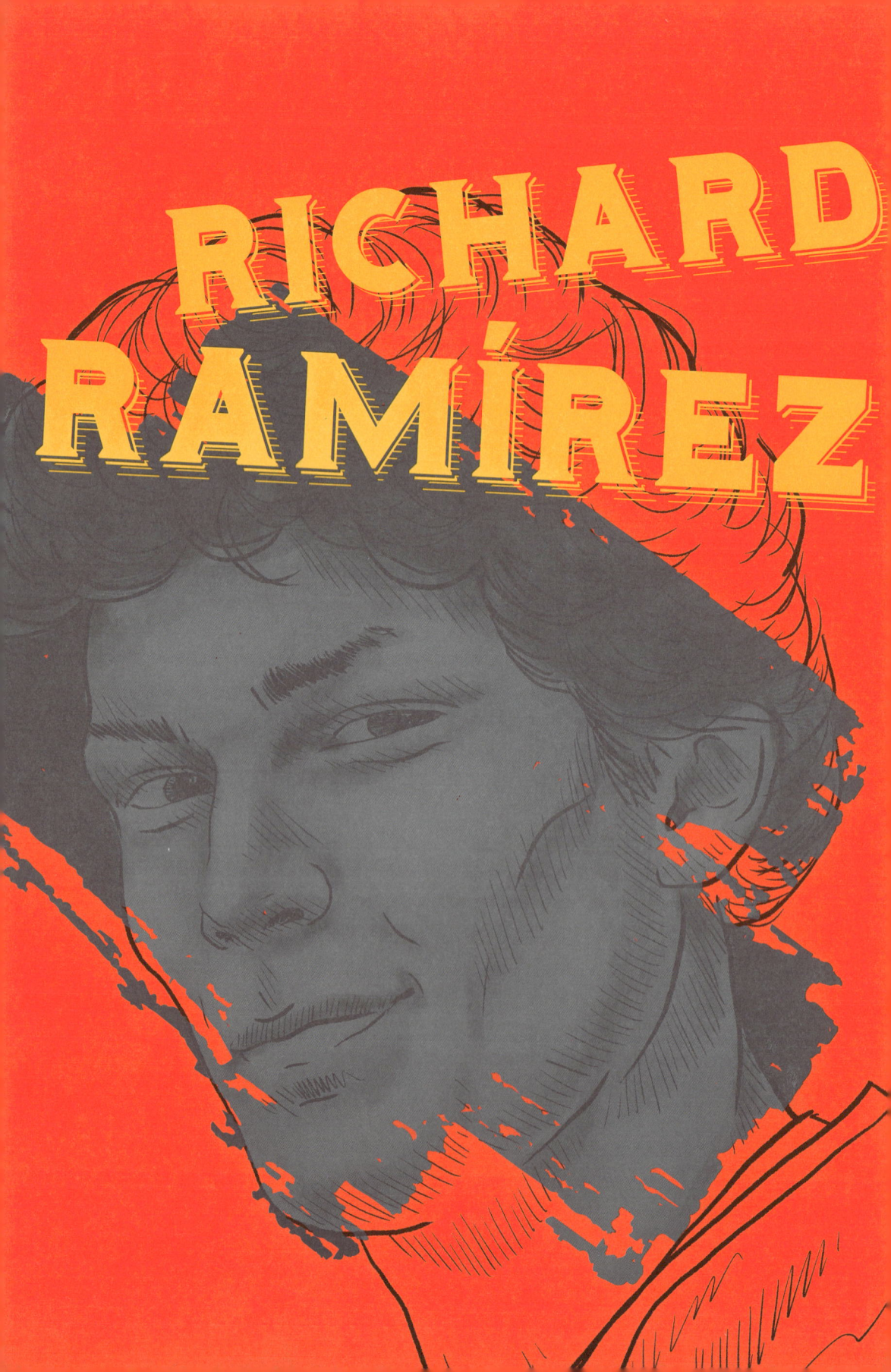

Hibristofilia es aquella atracción sexual que presentan las mujeres, principalmente, por personas peligrosas o que han cometido algún delito. Es una parafilia que puede ser pasiva o activa. Cuando es pasiva, la persona sólo expresa su fascinación por el delincuente sin deseo de cometer algún delito, pero cuando es activa, la persona podría convertirse en su cómplice.

John Money, psicólogo y sexólogo, fue quien acuñó la palabra «hibristofilia» en la década de 1950 y, como tal, no es considerada una enfermedad, sino una preferencia sexual. ¿Por qué se manifiesta? ¿Cómo es posible que una persona pueda sentir deseo y afecto por un asesino?

Algo a resaltar es que las mujeres que pretenden enamorar a delincuentes presos, a través de cartas y visitas a la cárcel, saben que están con tipos violentos pero piensan que no están en peligro porque están recluidos y ellas les darán el cariño que nadie les ha dado, su prueba de amor es aceptarlos como son, sabiendo todo lo que han hecho.

Acosador nocturno

MIRADA MATERNAL

De acuerdo con los estudios al respecto, las personas con hibristofilia fantasean con que ellas pueden transformar a esos delincuentes con su amor y atención; también puede ser que las mujeres que se enamoran de asesinos los vean con ojo maternal, se compadecen de ellos, los consideran víctimas de sus circunstancias y quieren protegerlos.

Mal comienzo

No son pocos los asesinos en serie o delincuentes de renombre que han recibido muestras de amor en la cárcel, y hasta propuestas de matrimonio. Uno de ellos, por ejemplo, es Charles Manson, el autor intelectual del asesinato de la actriz Sharon Tate, entre muchos otros. Pero el expediente que repasaremos le pertenece a un asesino cuyo carisma atrajo varias miradas femeninas, su nombre, Richard Ramírez. Prepárate para visitar un rincón del infierno o al menos a uno de los discípulos del diablo.

Richard Ramírez nació el viernes 29 de enero de 1960 en El Paso, Texas, fue hijo de Julián Ramírez, oriundo de Ciudad Juárez, Chihuahua, y de la señora Mercedes Muñoz. El pequeño Richard creció en un ambiente familiar hostil, donde era víctima de la violencia de su padre, lo que lo llevó a una lucha constante para sobrevivir desde muy chico, encontrando un mal refugio en las drogas.

En la escuela no sobresalió en nada, ni por su desempeño académico ni por ser carismático, era un chico tímido que no se relacionaba fácilmente, incluso su constitución física, demasiado delgada, lo mostraba frágil; la única característica que lo hacía distinto a los demás eran las convulsiones que presentó desde niño y hasta la adolescencia, ataques de epilepsia que su familia justificó con un golpe fuerte en la cabeza contra un columpio en el parque.

Maldito pariente

Richard tenía un primo, excombatiente de Vietnam, quien le contaba sus aventuras en la guerra, sobre todo los crímenes que cometió al amparo del caos del campo de batalla; su primo Mike le mostró fotografías de mujeres violadas y asesinadas por él, además le contagiaba el placer que sintió al mutilarlas y despojarlas de la vida.

Así, Mike se convirtió en su mayor y peor influencia, incluso con él *jugaba* a cometer asaltos en distintas granjas donde mataban animales.

Entre todos los momentos que Richard compartió con Mike, hubo uno que terminó por desequilibrarlo para siempre.

Una tarde, la esposa de Mike le exigió al veterano de guerra que hiciera algo de provecho de su vida y consiguiera trabajo, Mike no gastó saliva en discutir, tampoco se anduvo por las ramas, en lugar de eso, el exsoldado sacó su arma y la mató con un disparo seco cuya bala se detuvo en la cabeza. Cuentan que la sangre salpicó hasta la cara de Richard Ramírez, quien mantuvo en secreto su presencia durante el homicidio. El primo fue llevado a juicio, su defensa argumentó que sufría de estrés postraumático por la guerra y terminó en un hospital psiquiátrico.

Richard, tocado en su salud mental, comenzaría su propia historia de sangre.

Deseos malvados

La adicción a las drogas, principalmente marihuana, sirvió como plataforma para que Richard se convirtiera en un joven delincuente, pues necesitaba dinero para comprar narcóticos. Comenzó con robos de novato en las calles, pero cada uno lo llevo a otro más grave, cumpliendo todas las asignaturas de la delincuencia, aunque sin matar a nadie. No obstante, empezó a mostrar un interés por el satanismo, se sentía un siervo del mal y la violencia que lo acompañó desde pequeño comenzó a excitarlo sexualmente. Imaginaba escenas grotescas con sangre, demonios y actos carnales. El deseo por la maldad lo tenía impregnado hasta los huesos.

Jueves 28 de junio de 1984. Richard Ramírez, ya con 24 años, se dejó seducir por completo por el diablo. Caminó por la calle Glassel Park, en Los Ángeles, California, aprovechó que las tinieblas nocturnas lo camuflaban y se metió por la fuerza en el departamento de Jeannie Vincow, una mujer de

79 años, que de abrirle la puerta voluntariamente tampoco hubiera puesto mucha resistencia. Richard se introdujo por la ventana que la anciana había dejado abierta, y cuando la sometió, la violó y le clavó un cuchillo varias veces en distintas partes del cuerpo; se ensañó tanto en el cuello que prácticamente la dejó decapitada, para que a la mañana siguiente su hijo la encontrara.

Hat-trick

Domingo 17 de marzo de 1985. Nueve meses dejó pasar Richard Ramírez para volver a matar y lo hizo de manera brutal.

En el futbol, se le llama *hat-trick* a la hazaña de un jugador que anota tres goles en un partido, y Richard Ramírez casi completó un triplete en la misma noche. Tal vez la larga sequía de sangre lo llevó a producir una noche de terror. Primero se acercó al automóvil de María Hernández, quien llegaba a su domicilio en Rosemead, Los Ángeles, después de trabajar y, así como su primo mató a su esposa, Richard le disparó a María en el rostro en cuanto abrió la puerta del coche; la mujer intentó rechazar la bala con una de sus manos con la fortuna de que el proyectil pegó en las llaves de su auto. Si bien María resultó herida, ella fingió estar muerta dejándose caer al suelo. Richard la abandonó ahí y se metió al departamento de su víctima, donde encontró a Dayle Okazaki, una mujer que compartía la vivienda con Hernández, y le disparó en la cabeza sin fallar. Dayle murió al instante. Richard escapó, pero no para esconderse. Una hora después recorrió la zona de Monterey Park y abordó a la mujer de origen chino Tsai-Lian Yu, quien manejaba su automóvil. Ramírez la obligó a detenerse y abrir la puerta, después le disparó varias veces dejándola en agonía. Nadie pudo hacer nada por ella, falleció antes de que llegara la policía. Tres ataques en una noche, dos personas muertas y sólo María Hernández sobrevivió para describir las características físicas de Ramírez.

Ojos en una caja

Miércoles 27 de marzo de 1985. Sólo pasaron diez días para que Richard Ramírez cometiera su siguiente doble asesinato. La noche ya era su cómplice. Conocía la zona cercana a la vía rápida San Gabriel porque un año antes había asaltado la casa del matrimonio Zazzara. Alrededor de las dos de la mañana, se introdujo de nuevo a la misma vivienda y encontró al señor Vincent Zazzara, de 64 años, durmiendo; sin despertarlo, le dio un tiro en la cabeza, lo que hizo abrir los ojos de manera abrupta a Maxine Zazzara, de 44 años; la mujer alcanzó a ver a su esposo muerto cuando fue atada de las manos, Ramírez la forzó a revelarle dónde estaban las cosas de valor. Con esa información Ramírez la dejó, instante que Maxine aprovechó para desatarse y tomar una escopeta que guardaban debajo de la cama.

La mujer busco al asesino y le apuntó, era el momento para salvar su vida y vengar la sangre de su marido, entonces, Maxine levantó el arma y disparó, disparó con todo su rencor, pero también con la mala suerte de que su escopeta no tenía cartuchos, esto hizo enfurecer a Ramírez, quien se fue encima de ella y le disparó en tres ocasiones, después la acuchilló varias veces por todo el cuerpo, incluso se dio tiempo para marcarle una letra T en el pecho. Ya muerta, Ramírez le sacó los ojos, los colocó en una cajita y se marchó, sólo dejó las huellas de sus zapatos entre las macetas del jardín. ¿Qué hizo la policía? Hasta ese momento determinó que se enfrentaban a un asesino en serie, porque los casquillos de las balas coincidían con los encontrados en la escena del multihomicidio anterior.

Casas ajenas

Martes 14 de mayo de 1985. Richard Ramírez entró al hogar del matrimonio Doi, en Monterey Park. Bill tenía 66 años y Lilian 56 cuando Richard Ramírez se metió al dormitorio principal, disparó al rostro de Bill y luego lo golpeó hasta dejarlo moribundo; después se dirigió a la recamara de Lilian, quien no pudo hacer mucho porque era discapacitada. El asesino la amagó y se dedicó a recolectar objetos de valor. Antes de huir, Richard violó a Lilian. Bill Doi no sobrevivió para contarlo y Lilian aportó los mismos rasgos que María Hernández: su atacante era de origen hispano, alto, delgado y moreno.

Miércoles 29 de mayo de 1985. Richard Ramírez se introdujo a la residencia de Mabel Bell y Florence Lang, de 83 años y 81 años respectivamente. Primero atacó con un martillo a Lang y la amarró en su habitación, después ató a Bell a quien le quitó la vida con un cable. Regresó con Florence para violarla y con un lápiz labial le marcó un pentagrama en las piernas, muestra de que Ramírez se sentía cobijado por Satanás. Después de un par de días, las ancianas fueron halladas con vida pero al final solo Florence sobrevivió al ataque.

Jueves 30 de mayo de 1985. El escenario fue la ciudad de Burbank. Ramírez asaltó la casa de la señora Carol Kyle de 42 años. La despertó con una luz dirigida a sus ojos mientras le apuntaba con la pistola. Richard quería dinero y los nervios hicieron que Carol reaccionara muy lentamente, entonces él la tomó por la fuerza para llevarla hasta el dormitorio de su hijo de 11 años. Carol sintió terror cuando Ramírez tomó como rehén al pequeño y trató de tranquilizar al intruso entregándole una valiosa joya que escondía en un armario. Ramírez no se conformó. Encerró al niño en un clóset, lugar que sirvió de cárcel y escondite para que el niño no viera cómo Richard amarró a su madre con sus medias y después la penetró varias veces de forma violenta. Mientras esto pasaba, Ramírez le insistía a Carol que cerrara los ojos, de lo contrario se los arrancaría. Ella obedeció, pero le dijo que lo compadecía por tener una vida muy desgraciada, y que sólo así entendía cómo atacaba de esa forma a una mujer indefensa. Ramírez, con cinismo, le respondió que para su edad estaba muy bien conservada y que le perdonaría la vida. Así fue, Carol vivió para contarle a la policía un relato parecido al de los crímenes anteriores, cometidos por una persona con los mismos rasgos.

ACOSADOR

Los asesinatos llegaron a los medios de comunicación, la policía estaba alerta y la población de California también; los periódicos describían el *modus operandi* de Richard Ramírez y algunos lo llamaron *El intruso del Valle*, pero el apodo que se volvió famoso fue el de *Night Stalker:* acosador nocturno.

Baño de sangre

Jueves 27 de junio de 1985. Como quien desea celebrar a lo grande su primer aniversario de terror, Richard decidió *festejar* violando a una niña de 6 años en el área de Arcadia; un día después, el viernes 28 de junio, decapitó a Patty Elaine Higgins. Así inauguró su verano sangriento.

Martes 2 de julio de 1985. De nuevo el *Acosador nocturno* se hizo presente en la zona de Arcadia. Ramírez robó un auto, como lo había hecho meses antes para cometer sus delitos, y llegó al domicilio de Mary Louise Cannon, de 75 años. Se necesita estar bastante trastornado y drogado, algo común en Ramírez, para atacar sin misericordia a una anciana, acostada y dormida. Mary Louise no tuvo tiempo de nada porque Richard la golpeó con una lámpara y luego le clavó varias veces un cuchillo de carnicero. Le rebanó el alma hasta desangrarla.

Viernes 5 de julio de 1985. Uno pensaría que con la alarma de que un asesino serial está suelto cada lugar visitado por éste estaría completamente vigilado, y en parte así era; sin embargo, Ramírez regresó a Arcadia para atacar a Deidre Palmer, una chica de apenas 16 años, que fue severamente golpeada hasta con el rin de un neumático. La fortuna le alcanzó a Deidre para permanecer viva.

Domingo 7 de julio de 1985. Richard Ramírez merodeó en la zona de Monterey Park y esa noche eligió a dos mujeres maduras. Primero se escabulló en el departamento de Joyce Lucille Nelson, de 61 años, a quien golpeó una y otra vez hasta que pulverizó su existencia. La molió hasta que la anciana no respiró más. Luego, sin un gramo de remordimiento, y por la misma zona, forzó la entrada de la casa de Linda Fortuna de 63 años; la mujer estaba dormida, pero despertó sobresaltada al sentir el arma de Ramírez frente a su cara, como pudo, ahogó su grito de auxilio porque Richard la amenazó con dispararle. La condujo a la fuerza hasta el baño, donde la encerró para que él, con toda comodidad, saqueara la propiedad, pero como lo había hecho ya varias veces quiso completar su ritual vulgar violando a Linda. Richard la sacó del baño y en la cama le abrió las piernas, sólo que al intentar penetrarla, su miembro viril no lo asistió. ¿Qué hizo Ramírez? Furioso y avergonzado se fue con las pertenencias de Linda.

Sábado 20 de julio de 1985. Max y Lela Kneiding, de 68 y 66 años, respectivamente, descansaban en su casa de Glendale, California. Eran una pareja tranquila y amorosa, llevaban 47 años casados, tenían tres hijos y 13 nietos; él era dueño de una gasolinera y ella laboraba en el departamento de seguridad de un almacén. Trabajaban por gusto y ofrecían asados a sus amigos de manera frecuente, siempre y cuando no se interpusiera a un juego de los Lakers o los Dodgers de Los Ángeles. Esa noche, la puerta de su hogar estaba sin llave, siempre estaba sin llave, como un gesto para que sus familiares los visitaran cuando quisieran. No contaron que el visitante de esa fecha sería Richard Ramírez, quien los asesinó a tiros. Con Lela se ensañó, porque después de los balazos la acuchillo repetidamente. El reverendo de la iglesia a la que asistían, al enterarse de la terrible noticia, dijo: «¿Por qué Dios dejaría que le pasara esto a personas tan buenas?».

Richard Ramírez no quedó satisfecho con masacrar al matrimonio Kneiding, la madrugada del mismo 20 de julio, alrededor de las seis horas, ingresó a la casa de la familia Khovananth. Chainarong tenía 32 años y lo que más disfrutaba era estar con su esposa Somkid, su hijo de 8 y su pequeña menor de 3 años. Jugaba tanto blackjack que por eso fue enterrado con una baraja. Y es que cuando Ramírez violó la privacidad de su casa, disparó sin pensarlo a Chainarong, quien dormía. El buen hombre tailandés nada pudo hacer para defender a su mujer y a su hijo mayor, quienes fueron abusados sexualmente por el acosador nocturno. Además, Ramírez logró otro cuantioso botín y antes de irse obligó a Somkid a que le jurara por Satanás que no había más dinero en la propiedad.

Martes 6 de agosto de 1985. Christopher y Virginia Petersen, de 42 y 31 años, respectivamente, estaban dormidos en su hogar de Northridge, también lo hacía su hija de 4. Richard Ramírez invadió su casa, escurriéndose por una puerta corrediza que no tenía seguro y, como acostumbraba, se puso delante de la cama de los Petersen. Virginia sintió algo que la sacó del sueño profundo y cuando abrió los ojos vio a Richard Ramírez, que comenzó una agresión eterna que duró 45 segundos; 45 segundos de pesadilla pero que afectó el resto de sus vidas. Ramírez comenzó a disparar a la pareja y ellos, como podían, intentaban escapar del tiroteo que abarcó toda la casa. Algunas balas dieron en las paredes, pero otras rozaron las cabezas de Christopher y Virginia. Un proyectil también hirió el cuello de Christopher, llegando casi a la médula espinal. Ramírez escapó dejándolos vivos, pero muertos de miedo para toda su vida. Los esposos presentaron dolores en distintas partes de sus cuerpos durante mucho tiempo, pero lo que más dolía era la tortura psicológica de saberse invadidos y frágiles. Ella renunció a su empleo, no tenía cabeza para estar bien. Él tuvo que dejar su trabajo de más de 10 años en un almacén para emplearse en algo menos exigente físicamente. Además, se cambiaron de casa y sólo descansaron un poco cuando se enteraron, semanas más tarde, de la aprehensión del acosador.

Jueves 8 de agosto de 1985. Richard Ramírez manejó en otro coche robado, uno más, por la zona de Diamond Bar, en el valle de San Gabriel y se detuvo frente a la casa de la familia formada por Elyas Abowath de 31 años, su esposa Sakina de 27 y sus dos hijos, uno de 3 años y otro de tan sólo meses. El reloj marcaba minutos antes de las tres de la madrugada cuando Richard Ramírez entró a la habitación principal. Con velocidad sacó el arma y mató a Elyas con un disparo certero al cráneo, de inmediato golpeó en la cara a Sakina, quien no pudo comprender lo que estaba pasando hasta que se vio en el suelo, a los pies de Ramírez y lo escucho exigir dinero, pero como ella tardó en reaccionar, el *Acosador nocturno* tomó al hijo de 3 años y le puso un cuchillo en el pecho, le dijo que si no le daba todo lo mataría; la mujer accedió. Ramírez se acercó a ella, la tomó del cabello y la amenazó con que, si gritaba desangraría a su vástago. Sakina le dio joyas y dinero, pero no fue suficiente para comprar misericordia. Ramírez comenzó a violarla de forma brutal, una y otra y otra vez. Mientras la penetraba le decía que Satanás la haría pagar si pedía auxilio. En algún momento el pequeño de tres años entró a la habitación, al verlo, Ramírez lo amarró para poder seguir violando a su madre y forzarla a que le practicara sexo oral. Cuando terminó, se fue dejando a Sakina con la mínima fuerza que apenas le alcanzó para desatar al niño y pedir ayuda. Por fortuna, los hijos del matrimonio Abowath no fueron lastimados físicamente y nunca comprendieron los hechos, hasta que siendo adolescentes Sakina les contó cómo murió su padre. Antes de eso, ella les había inventado que su papá falleció de cáncer. Y años después, cuando el *Acosador nocturno* murió, Sakina declaró ante la prensa que Ramírez merecía más dolor que el que le provocó la enfermedad que lo llevó a la tumba. «Debería haber sufrido lo que yo y toda mi familia sufrimos durante 28 años», desde el ataque hasta su último aliento.

Todo termina

Domingo 18 de agosto de 1985. Ramírez decidió cambiar de zona debido a que la investigación sobre sus crímenes se intensificó, entonces, de Los Ángeles se movió hacia San Francisco. Ahí eligió la casa de la familia Pan. A Peter, de 66 años, lo mató con su sello: un disparo mientras dormía. A Barbara, de 62 años, también le disparó en la cabeza, pero antes sació sus instintos violándola y sodomizándola. Antes de marcharse, se dio tiempo para tomar un lápiz labial y pintar con él un pentagrama y la frase «Jack, The Knife» (Jack, el cuchillo), como recordando al *Destripador,* cuya historia palidece ante el *Acosador nocturno.*

Sábado 24 de agosto de 1985. Ramírez no lo sabía, pero estaba a punto de cometer su último acto criminal, cruel como los anteriores, miserable e indecente como los demás. Richard condujo 80 kilómetros por el sur de Los Ángeles, hasta llegar a la casa de Bill Carns, de 29 años, quien vivía con Ines Ericksson, de 27. Ya dentro de la casa, el *Acosador nocturno* le disparó a Bill en la cabeza y después sometió a Ines para violarla en repetidas ocasiones. Mientras la sobajaba, Richard le exigió a Ines que le jurara amor en nombre de Satanás. Para terminar, tomó el rostro de la mujer y lo posó con fuerza en sus genitales, le ordenó que le practicara sexo oral si no quería morir. Al final, Ramírez la amarró y escapó. Sin embargo, Ines no se dio por vencida y, como pudo, llegó hasta la ventana, desde donde alcanzó a ver que su agresor abordó una camioneta de color naranja; por fortuna, un joven había anotado las placas del vehículo en el que se fugó Ramírez y ambos proporcionaron esa información a la policía.

Lo demás fue una investigación de rutina que llevaría a las autoridades hasta identificar al asesino que le había quitado tranquilidad a las noches californianas. Con los datos proporcionados, hallaron la camioneta anaranjada abandonada, pero lograron levantar las huellas dactilares, y al ingresarlas a la base de datos les dio los datos generales de Richard Ramírez. Así, el 30 de agosto de 1985 divulgaron su rostro y los policías se acompañaron de una orden de arresto.

Ese mismo día, Ramírez viajó en autobús hacia Tuczon, Arizona, con el objetivo de encontrarse con su hermano, algo que no concretó; no obstante, cuando al día siguiente regresó a California fue identificado por un grupo de mujeres, quienes al verlo pasar en la calle, alertaron a los policías que vigilaban la terminal de autobuses y empezaron la persecución. Ramírez corrió, pero no logró escapar, no tuvo éxito al intentar robar un par de vehículos y un vecino de la zona lo golpeó con un tubo para inmovilizarlo hasta que llegó la policía.

La esposa

La justicia no fue expedita para las víctimas de Richard Ramírez. Fue hasta el viernes 22 de julio de 1988 cuando comenzó el juicio contra el *Acosador nocturno*. En su primera comparecencia, lejos de mostrarse arrepentido o atribulado, Ramírez retó a la audiencia gritando: «Dios te salve, Satanás», frase apoyada con un pentagrama que se dibujó en la palma de su mano.

Durante el juicio fueron acumulándose las fanáticas de Richard Ramírez que lo veían guapo, con un aire de *rockstar*. Fue Doreen Lioy, una mujer que le escribió decenas de cartas, 75 en total, quien logró quedarse con el amor de Ramírez y se casaron el jueves 3 de octubre de 1996.

Antes de eso, el miércoles 20 de septiembre de 1989, a Ramírez lo encontraron culpable de 13 homicidios, cinco intentos de asesinato, 11 violaciones y 14 robos. El martes 7 de noviembre del mismo 1989, el juez le indicó que sus días terminarían en una cámara de gas de California. Ramírez, sin sobresaltos, les dijo a los reporteros: «Estoy más allá del bien y del mal. Lucifer habita en todos nosotros y me vengará… Nos vemos en Disneylandia». Como lo declaró Frank Salerno, quien era el *sheriff* de Los Ángeles durante los asesinatos de Ramírez, el *Acosador nocturno* nunca sintió remordimiento alguno, jamás se disculpó ante los familiares de sus víctimas ni con las afectadas, «era puro mal».

Pero Richard Ramírez no llegó a la cámara de gas, debido a que en la espera de su ejecución enfermó de linfoma de células B que se complicó aún más con hepatitis C. Así, murió el viernes 7 de junio de 2013 a los 53 años. Su cuerpo fue

ESPOSA LOCA

Afton *Star* Burton, de 26 años, se dio a conocer cuando, en 2013, anunció sus intenciones de contraer matrimonio con el cabecilla de una de las bandas asesinas más crueles de Estados Unidos: Charles Manson. La boda nunca se llevo a cabo, y luego de la muerte del enloquecido psicópata, en 2000, ella declaró que lo que quería en realidad disponer del cadáver de Manson para poder exponerlo en una vitrina y sacar dinero. ¿Realmente lo amó? Sólo ella sabe si era una víctima más de hibristofilia.

cremado al no ser reclamado por ningún familiar, ni siquiera por su esposa Doreen Lioy, quien siempre lo vio como un tipo divertido, encantador, amable y estaba convencida de que Richard Ramírez era una gran persona.

Él, un engendró de Satanás. Ella, un claro ejemplo de hibristofilia.